¿Qué tal la Cultura en tu Reino?

Elogio para ¿Qué tal la Cultura en tu Reino?

Como estudiante de liderazgo en la Marina de los Estados Unidos, así como en Walt Disney Company, estoy impresionado por la manera en que Dan ha expuesto sus lecciones de liderazgo a través de narraciones atractivas, ideas reflexivas y ejemplos de comportamiento específicos para que los lectores adopten.

Brian Britton
Clase de la Marina de los Estados Unidos de 1989
CEO de National Heritage Academies (Academias del Patrimonio Nacional)

La primera aventura de Dan en la escritura, *¿Qué Tal la Cultura en tu Reino?*, es una increíblemente perspicaz e inspiradora colección de experiencias que ofrecen perspectivas y reflexiones que rara vez se encuentran en los típicos libros de liderazgo, gestión y cultura. Sus lecciones y aprendizajes enmarcados en la vida real representan una rica colección de herramientas que pueden beneficiar a cada parte de una organización.

La cultura en el lugar de trabajo debe ser la prioridad de cada empresa. Es algo más que un simple objetivo de gestión. Debe ser tratada como algo con vida, algo que respira, y que requiere atención y alimentación constante. Lo que Dan ofrece es una importante colección de temas de gestión ¡cada uno de los cuales contribuye a la construcción y sostenimiento de una cultura vibrante en el trabajo!

Felicitaciones y gracias por plasmar tus experiencias en Disney en este escrito. Este perspicaz tesoro debe ser una lectura obligatoria para los líderes.

Karl Holz
presidente (retirado)
Línea de Cruceros de Disney

¿Qué tal la Cultura en tu Reino?

Lecciones de una travesía de liderazgo por Disney

DAN COCKERELL

Ex vicepresidente, Reino de la Magia de Disney

NUEVA YORK

LONDRES • NASHVILLE • MELBOURNE • VANCOUVER

¿Qué tal la Cultura en tu Reino?

Lecciones de una travesía de liderazgo por Disney

Publicado en Nueva York, Nueva York, por Morgan James Publishing. Morgan James es una marca registrada de Morgan James, LLC. www.morganjamesPublishing.com

ISBN 9781631958076 libro tapa blanda
ISBN 9781631958083 Libro electrónico
Número de control de Biblioteca del Congreso: 2021948698

Cubierta y diseño interior por:
Christopher Kirk
www.GFSstudio.com

Morgan James es un orgulloso socio de Habitat for Humanity Peninsula y Greater Williamsburg. Socios en la construcción desde 2006.

¡Involucrate hoy!
Visita MorganJamesPublishing.com/giving-back

Dedicatoria

Valerie
Mi amor, mi escritora fantasma, mi compañera
¡Disfrutemos *de este viaje!*

Tabla de Contenido

Prefacio

Durante mis 41 años de servicio en el Ejército de Estados Unidos, comandé soldados en tiempos de paz y en combate a todos los niveles. Ciertamente puedo reconocer un buen líder cuando lo veo. Daniel Cockerell no es sólo un buen líder... Él es un líder genial.

Habiendo conocido a Daniel durante varios años atrás, le observé desde lejos mientras escalaba la escalera de liderazgo en Disney a una velocidad impresionante. Su éxito no se basó únicamente en su encanto, sino en su capacidad de aplicar buenos principios de liderazgo y desarrollar un clima productivo en cada organización que dirigió. Esto creó una cultura de la excelencia en cada caso.

En este libro, Daniel Cockerell aborda el tema de la construcción de una cúpula de excelencia en las organizaciones. Al hacerlo, discute áreas como el Liderazgo de Sí Mismo, Equipo Líder, Organización Líder y Liderando el Cambio.

Daniel es un narrador brillante que utiliza experiencias personales de sus 26 años de carrera en Disney para ilustrar lecciones clave sobre el liderazgo. Lo hace magníficamente.

Es acertado al tomar los principios clave del liderazgo para destilarlos en un lenguaje sencillo que puede beneficiar a los líderes de cualquier nivel. Sus reflexiones son más que relevantes para cualquier profesión. A lo largo del libro, él es auténtico, cautivador y efectivo.

Daniel va más allá de sólo proporcionar ideas sobre la teoría del liderazgo al explicar pasos concretos y recomendar técnicas que los líderes pueden emplear. Es algo que los líderes de cualquier nivel anhelan. Mientras leía este libro, sentí que estaba teniendo una conversación con un buen amigo... beneficiándome de sus 26 años de aprendizajes.

Las ideas de liderazgo que Daniel comparte en este libro beneficiarán a cualquiera que aspira a liderar. Ya sea que estés dirigiendo una organización militar, una unidad de negocios o una organización sin fines de lucro, definitivamente te beneficiarás de este libro.

Lloyd J. Austin III, General, Ejército de los Estados Unidos (R)

Introducción

En 2018, dejé una carrera de veintiséis años en Walt Disney. Durante las casi tres décadas que pasé en Disney, ocupé diecinueve puestos diferentes, desde asistente de estacionamiento en Epcot hasta vicepresidente del parque temático más grande del mundo: el Reino de la Magia en Orlando, Florida. En el Reino de la Magia dirigí un «reparto» de 12.000 miembros - el término que Disney usa para sus empleados y que refleja acertadamente el compromiso colectivo de crear un espectáculo cautivador único para todos los visitantes.

Debido a que pasé toda mi vida profesional en Disney, la metáfora del reino en el título de este libro no debería sorprender. Después de todo, todos operamos en varias «burbujas» o reinos: nuestra vida personal, nuestro equipo, nuestra organización. Cuando me uní a Disney en 1991, sabía muy poco acerca de cómo aplicar el liderazgo en el mundo real o cómo lograr el éxito en un entorno profesional. Incluso con la mejor capacitación en la industria, aprender a liderar adecuadamente y crear una cultura apropiada me llevó mucho tiempo, muchos errores y una gran autorreflexión.

Al principio creía que el liderazgo se trataba de todo lo que hacíamos por nuestras organizaciones. A medida que el alcance de mis responsabilidades creció, me di cuenta de que primero necesitaba dirigir bien a mis empleados directos para tener un impacto efectivo y positivo, con miras de llevarlos hacia mis objetivos para la organización.

Eventualmente, me quedó claro que nada de esto pasaría si yo mismo no era apto para liderar. Sólo entonces podría tener la fuerza y la capacidad de dirigir a mi equipo y posteriormente impactar la organización en conjunto. Esa sola revelación - *que el autoliderazgo es primordial para el liderazgo organizacional o de equipos* - fue la lección más valiosa que aprendí en casi tres décadas en Disney. Estructuré mis capacitaciones en liderazgo en torno a esa misma lección, ayudando a todos los miembros del reparto a convertirse en líderes al lograr que primero se liderasen bien a sí mismos. Desde que dejé Disney, mi misión ha sido ayudar a los líderes de otras organizaciones a hacer lo mismo: liderarse a sí mismos, a sus equipos y a sus organizaciones de manera efectiva (en ese orden). Porque la realidad es que en el momento en que comienzas a liderarte bien, tu equipo y organización también empezarán a mejorar. A medida que el cambio alcanza nuevas velocidades, nos vemos obligados a ser más maleables, adaptables e innovadores. Esto es similar a operar en "modo transformación" y evaluar constantemente cómo podemos adaptarnos a una nueva realidad, ya sea económica, medioambiental o tecnológica.

Al igual que la impecable limpieza que los miembros del elenco realizan en Disney para ofrecer excelentes experiencias a los invitados, todos necesitamos hacerle una limpieza personal a nuestro interior para convertirnos en líderes que impacten su vida personal y profesional. Todo inicia con un proceso de autorreflexión continua, crecimiento personal y compromiso con la autodisciplina. Esto es cierto sin importar qué reino dirijas.

Deja que el sol brille en la cultura de tu organización.

Con la capacitación tradicional en gestión medimos la productividad, beneficios económicos, costos, el crecimiento y demás indicadores clave de rendimiento (o KPI por sus siglas en inglés). La verdad es que estos KPI son simplemente resultados o indicadores rezagados de la gestión de un negocio exitoso. Son las personas quienes entregan estos resultados y para que puedan dar su mejor rendimiento, deben estar en un entorno en el que se sientan apoyados y sean alentados en el camino. Aquí es donde entra a jugar la cultura organizacional.

La cultura es el entorno integral en el que vivimos, trabajamos y nos desempeñamos; es el factor que más influye en nuestro estado de ánimo, actitud y motivación. Verás tus KPI mejorar más rápidamente a medida que los miembros de tu equipo se comprometan más con su trabajo. Me gusta equiparar la cultura con el clima: cuando el sol brilla y el clima es cálido, es fácil sentirse positivo y comprometido; cuando llueve o nieva, o cuando cae un rayo, todo el mundo quiere correr a buscar refugio. Cuando operamos bajo cielos auspiciosos en nuestra organización, estamos más motivados, enérgicos y satisfechos, y somos más efectivos. Todo el equipo puede sentirlo: líder feliz, equipo feliz... y un equipo feliz hace que una organización sea más dinámica, eficiente y exitosa.

Durante mi tiempo como vicepresidente del Reino de la Magia, mi equipo y yo tuvimos que hacer frente a muchos problemas relacionados con el clima (desde el calor extremo y la humedad hasta lluvias torrenciales e incluso huracanes). Cada cambio en el clima alteraba todo en el Reino de la Magia, desde los deberes del elenco hasta la experiencia de nuestros invitados - no había cantidad alguna de polvo de hadas que pudiera haber influido en la Madre Naturaleza. Pero, por otro lado, he aprendido que el clima en nuestros reinos personales y profesionales está bajo nuestro control. Podemos idear el «clima» ideal y el ambiente adecuado para nosotros mismos, nuestras familias y nuestras organizaciones. No sólo tenemos la capacidad de hacer algo al respecto, sino que también es nuestra responsabilidad. En este libro voy a contarte exactamente cómo aprendí a influir en la cultura en mi reino.

Qué esperar

Durante mi carrera en Disney, era usual capacitar líderes y ser su mentor, así como yo también fui capacitado y tuve un mentor; sabía que debía ir más allá de los muros del Reino de la Magia. Pasé más de dos décadas mejorando como líder y sirviendo a otros. Desde que dejé Disney, una de mis experiencias profesionales más gratificantes ha sido ayudar a los líderes a estar mejor equipados para servir a los demás y empoderar a sus equipos para lograr un mayor rendimiento y así construir organizaciones más exitosas. Tal como Alexander Hamilton tan elocuentemente dijo: «Un legado significa plantar semillas en un jardín que nunca podrás ver». Si con este libro puedo ayudar a los líderes a influir en la cultura de sus reinos, dejaré un legado mucho más allá de lo que imaginé en 1991 cuando empecé en Disney.

En alguna parte leí que deberíamos dedicar los primeros 25 años de nuestra vida al aprendizaje, los 25 años siguientes a hacer y los últimos 25 años a enseñar. Bueno, acabo de cumplir 50 años, así que parece que voy por buen camino. Compartir mi experiencia y las lecciones aprendidas ha sido estimulante y gratificante.

A lo largo del resto de este libro, compartiré lo que como líderes debemos hacer en casa y en el trabajo para ser más fuertes y dejar un legado que jamás podremos ver. No estoy hablando de hechizos mágicos o polvo de hadas, sino más bien de las herramientas e ideas que he probado personalmente con los diferentes equipos, grandes y pequeños, que he liderado durante mi carrera.

Estas herramientas funcionan porque me ayudaron a mejorar y perfeccionar mi enfoque. Ningún líder puede estar en todas partes a la vez. Tenemos que priorizar nuestro tiempo, atención, tareas, estrategias, metas e incluso nuestras relaciones.

Escribí este libro para personas que viven en el mundo real, con problemas reales y demandas de tiempo verdaderas. Lo escribí para líderes ocupados en el trabajo y en el hogar, dividiéndolo en cuatro secciones: liderazgo de sí mismo, liderando a los demás, liderando organizaciones y liderando el cambio. Dentro de cada uno de esos apartes, comparto historias y enseñanzas prácticas, así como herramientas de autoevaluación y mejores prácticas basadas en la investigación. Al final de cada capítulo, también encontrarás un plan de acción llamado «Vía Rápida Hacia los Resultados» que te ayudará a establecer prioridades y mejorar en las áreas más importantes de tu vida para así brindarte mayores oportunidades de conseguir resultados positivos y alcanzar el éxito.

Además de discutir las herramientas necesarias para liderarte a ti mismo, a un equipo, una organización y el cambio, te ayudaré a priorizar los aspectos más importantes de tu vida y a mantener la fortaleza de esos enfoques. De esa manera, podrás determinar mejor cómo debes usar tu tiempo, tomar mejores decisiones y saber cuándo hacer un sacrificio por algo más importante.

Como líderes, está dentro de nuestro control y es nuestra responsabilidad crear la cultura adecuada para nuestras organizaciones. También es lo más importante que puedes hacer para que aquellos con quienes interactúas tengan éxito.

Cómo utilizar este libro

La vida está llena de ocupaciones. Lo entiendo. Tenemos tantas cosas que demandan nuestro tiempo. Escuchamos miles de mensajes contradictorios sobre los negocios y la vida todos los días. No es fácil motivarse por algo nuevo, especialmente cuando no estamos seguros si funcionará. Es difícil seguir adelante cuando la adversidad golpea y, afrontémoslo, la adversidad *golpeará*. En algún momento, todos luchamos con la falta de claridad, falta de tiempo, falta de motivación e incluso con la falta de autodisciplina — los he superado todos y he ayudado a miles de personas a manejar esos desafíos.

Anticipo que algunas personas pueden no tener mucho tiempo extra para leer este libro de inicio a fin. Si ese eres tú, no te preocupes, escribí este libro de manera que puedas avanzar rápidamente a través de lecciones fáciles de aplicar. Encontrarás victorias rápidas y pasos para seguir mejorando. Si lo lees de inicio a fin, es probable que veas que los temas se construyen uno sobre otro, pero también podrás encontrarte con que necesitas ayuda en algunas áreas más que en otras. La mayoría de nosotros tenemos áreas de fortaleza y áreas de «oportunidad». La estructura te ayudará a ver dónde necesitas prestar más atención y encontrarás las herramientas que necesitas en la «Vía Rápida» de cada capítulo.

Cómo se ve el éxito

Antes de avanzar hacia la primera parte - Liderazgo de Sí Mismo - me gustaría tomar un minuto para reflexionar sobre cómo se ve el éxito en nuestro mundo. A medida que hemos envejecido, mi esposa y yo hemos tenido muchas conversaciones sobre nuestras vidas. He llegado a creer, a partir de estas conversaciones, que muchas personas permiten que otros definan cuáles deben ser sus objetivos y cómo se ve el éxito. Por supuesto, las redes sociales han sido un gran contribuyente a este fenómeno. Solía luchar con esto también: comparar mi situación con la de otros para determinar si tenía «éxito» o no. Lo hacía en todos los aspectos. Gracias a las redes sociales, es fácil ver fotos perfectas de la vida de los demás y decidir que nuestras vidas deben verse exactamente así.

En retrospectiva, me he dado cuenta de que eso no tiene sentido en absoluto. Detrás de la mejor foto de Instagram, lo más probable es que encuentres un bebé llorando, un cónyuge estresado o un fiasco financiero. El empresario exitoso que admiras puede tener una pésima calidad de vida. Ese corredor al que tratas se seguirle el paso durante una carrera puede estar luchando de muchas otras maneras o puede haber estado entrenando durante muchos años más que tú.

Determinar *tu* éxito basado en la vida de *los demás* no funciona. Incluso si quisieras, literalmente no puedes saber lo suficiente sobre la vida de los demás para hacer una comparación precisa. Por lo tanto, mi consejo es *que corras tu propia carrera* a medida que avances con la lectura, la reflexión y el accionar. Usa las herramientas y los conocimientos como escalones para convertirte en un líder transformacional y crear la cultura adecuada para tu reino. Pero solo *tú puedes* decidir cómo se ve el éxito en tu vida; solo *tú puedes* establecer tus metas y decidir cuándo has alcanzado esos objetivos.

Si todo esto sobre un marco y liderarte a *ti mismo primero* es nuevo para ti, lo entiendo. Puede ser difícil cambiar después de años o incluso décadas de actuar de otra manera. El cambio es difícil. Crear nuevos hábitos es difícil. He intentado muchos nuevos hábitos en el trasegar de mi vida y he fracasado tantas veces como he tenido éxito. Sin embargo, nunca he dejado de pensar en mejorar y nunca he dejado de tratar de mejorar. Con el tiempo, eso me ha ayudado a usar mis fracasos para alimentar un futuro mejor.

Como el contralmirante Charles Norville Payne - mi abuelo - me dijo sabiamente hace muchos años: «Haz lo mejor que puedas y perdónate». Eso es todo lo que podemos hacer. ¡Empecemos!

Parte 1:

Liderazgo de Sí Mismo

Como muchos líderes militares atestiguarían, la sorpresa es una certeza en la guerra. Incluso los planes mejor establecidos pueden cambiar o fracasar cuando damos inicio. No importa el alcance de la batalla, hay mucho que no sabemos y con lo que no se sabe si podemos contar. En previsión de este elemento sorpresa, la mejor estrategia es aumentar nuestro nivel de preparación general. Mi abuelo hablaba a menudo de su vida en el USS Columbia durante la Segunda Guerra Mundial. Cada simulacro y cada procedimiento importaban y podría marcar la diferencia entre la vida y la muerte durante una misión.

Del mismo modo, dirigir un equipo y una organización requiere una variedad de competencias, mucha resistencia y preparación en previsión del elemento sorpresa. Sin embargo, rara vez reconocemos el hecho de que el éxito no puede ocurrir si no estamos bien preparados o somos «aptos para liderar». Esto requiere introspección, disciplina y compromiso. Sin embargo, muchos de nosotros nos despertamos cada mañana para tomar el día y no hacemos las preguntas importantes:

- ¿Estoy bien preparado?
- ¿Me estoy dando la mejor oportunidad de tener éxito?
- ¿Qué aspecto tiene el éxito?
- ¿Qué se hace para llegar allí?

No hemos pensado conscientemente en lo que nos hace eficientes y exitosos. Contamos con la pura fuerza bruta y la improvisación para resolver los problemas más urgentes y relevantes que tenemos ante nosotros. Mientras tanto, no logramos hacer ni un rasguño en la lista de cosas que realmente importan. De alguna manera, nunca somos capaces de identificar la causa raíz de nuestros problemas cotidianos para generar soluciones que traigan mejoras sistémicas a nuestras vidas y hacernos líderes más efectivos y personas más felices.

Tenemos que tomar el control de las áreas más consecuentes de nuestras vidas. Con qué facilidad olvidamos que las mismas fuerzas que nos hacen exitosos en la vida son las primeras que sacrificamos: física, mental y de la aptitud organizacional. Cuando las ignoramos, todo lo demás se vuelve más difícil y más estresante. Cumplir nuestras responsabilidades con la familia y nuestras carreras es bastante difícil. ¿Por qué no barajar las cartas a nuestro favor y ponernos en la mejor posición para poder hacer frente a estos desafíos?

Cuando era joven, quería cambiar el mundo. Me di cuenta de que era difícil cambiar el mundo, así que traté de cambiar mi nación.

Cuando descubrí que no podía cambiar la nación, empecé a centrarme en mi ciudad.

No pude cambiar la ciudad y, como hombre mayor, traté de cambiar a mi familia.

Ahora como anciano, me doy cuenta de que lo único que puedo cambiar es a mí mismo, y de repente me doy cuenta de que podría haber tenido un impacto en mi familia si hubiese cambiado hace mucho tiempo.

Mi familia y yo podríamos haber tenido un impacto en nuestra ciudad. Su impacto podría haber cambiado la nación, y yo podría haber cambiado el mundo

—Monje desconocido, 1100 D.C.

Ya sea personal o profesional, la vida es mucho más fácil de navegar cuando nos preparamos para ella y tenemos la capacidad de prepararnos para ello. Significa cuidar lo básico y ser líderes de nosotros mismos primero. Esto es muy simple, pero no fácil. Se necesita disciplina, intención y reflexión para implementarlo con éxito. Ahora, probablemente estés pensando: ¡Vamos... todos sabemos eso!

¿Esto es todo lo que tienes? Pero seguimos escuchando acerca de estos pasos importantes y luego los desechamos simultánea y alegremente. ¿No me crees? Mira a tu alrededor. Nuestro mundo está lleno de líderes sobrecargados de trabajo, estresados e inaptos cuya salud está en el punto de inflexión. Su calidad de vida está en ruinas y se dirigen al desastre. Cuando empecé a escribir, consideré dejar esta sección sobre el "Liderazgo de sí Mismo" en la parte posterior del libro... replicando efectivamente lo que tendemos a hacer en nuestra vida diaria, que es posponer el bienestar personal. Así que, a riesgo de aburrirte, decidí dejarlo al frente de mi mensaje de liderazgo porque no puedes ejercer eficazmente como líder, pareja, cónyuge o padre dedicado a menos que estés sano y en forma. Es posible que tengas que escuchar estas simples verdades una vez más. Y si este momento en particular resulta ser tu llamado a la acción, habré iniciado exitosamente tu viaje para convertirte en un mejor líder.

He aprendido de la manera difícil el precio de no cuidar de mí primero. Sucede muy fácilmente cuando trabajas en un lugar que nunca cierra, emplea a miles y acoge millones, como el Reino Mágico. Estas lecciones de golpe duro me reenfocaron hacia lo básico.

Capítulo 1

Bienestar Físico

En una sombría mañana de diciembre llegó el veredicto: ¡226 libras! Había "tropezado" con nuestra báscula, que sospechosamente estaba justo en mi camino desde la ducha hasta el vestidor. ¿Mi esposa lo dejó ahí? ¿Fue una coincidencia o un "indicio" deliberado y no tan sutil de mi mejor mitad? Nunca lo sabremos, pero en ese momento el número que parpadeaba ante mis ojos tenía toda mi atención. Esta fue una primera vez para mí, aquel indicador de peso que había resultado de muchos días de comer descuidadamente, saltarme el ejercicio y, en general, no pensar mucho en mi bienestar. Insidiosamente llegó mí y realmente no había "caído en cuenta" hasta esa misma mañana.

Ese momento me llevó a evaluar mi peso, mi fuerza, mi resistencia, mi sueño, mi dieta y, más generalmente, cuán cómodo físicamente que me sentía conmigo mismo. La imagen mental que me hice estaba lejos de ideal. La culpabilidad se aposentó, no tanto por el número que parpadeaba en la báscula, sino porque de verdad supe que no podía ignorar esta parte de mi vida; sin embargo, no lo vi venir. Con el tiempo, mi negligencia había desencadenado una lenta disminución en mi resistencia, un deterioro gradual de mi fuerza y atrofiado mi fuerza de voluntad para hacer ejercicio.

Algunas personas experimentan un evento traumático o enfermedad que puede resultar en el declive repentino de su bienestar físico, pero la gran mayoría de nosotros somos presas fáciles del tiempo. Pretendemos ser víctimas de un proceso natural llamado envejecimiento, pero en realidad somos cómplices que se rinden sin dar mucha pelea. La mayoría de nosotros sube en promedio una libra o dos cada año, lo cual es lo suficientemente insignificante para pasar por alto, pero al paso de 15, 20 o 30 años... te encuentras parado en una báscula una mañana preguntándote: "¿Qué pasó?" Este resultó ser mi momento, mi despertar.

Es hora de dibujar una línea en la arena y abordar el problema. No hay razones específicas en cuanto a lo que puede desencadenar tu propio despertar personal, pero debido a que el deterioro ocurre gradualmente y se nos cuela, todos debemos estar atentos.

La verdad es que no importa si pesas 300 libras o 150 libras. Las preguntas más importantes a hacer son: "¿Estoy cómodo? ¿Me siento saludable? ¿Puedo desempeñarme con confianza y eficacia? ¿Me estoy dando las mejores probabilidades para tener éxito?" No hay normas que cumplir, no hay escenario perfecto, ni forma ideal, simplemente, "¿Soy físicamente capaz de desempeñarme de la mejor manera?" Si la respuesta es negativa, es hora de buscar soluciones.

A menos que vivas bajo una roca, has oído cómo el ejercicio te da resistencia, la dieta correcta te da energía y que el sueño repone el cuerpo y el alma. Por lo tanto, no voy a exponer sobre la ciencia específica detrás de por qué el ejercicio, la nutrición y el sueño son esenciales, pero compartiré lo que funcionó para mí y ha ayudado a algunas de las personas que he guiado o entrenado.

Aquí solo hay un objetivo: conducirte a ti mismo a un mejor tú. Tu camino para mejorar tu salud física será diferente al mío al de los demás. Tener un plan de acción es esencial si quieres convertirte en la mejor versión de ti mismo y construir la resistencia, resiliencia y confianza para liderar a tu familia, equipo y organización.

Encuentra la motivación.

La aptitud ha recorrido un largo camino desde la antigüedad, cuando la propuesta de valor para mantenerse en forma era simple: si no estabas en forma o eras lo suficientemente rápido, morirías de hambre o algo te comería. Encontrar suficiente motivación era fácil. Hoy en día, puede que no muramos de hambre o seamos comidos literalmente si no estamos físicamente en forma, pero cuanto más en forma estemos, más energía, claridad mental y confianza tendremos a nuestra disposición.

En mi caso, dirigir el Reino Mágico requería mucha resistencia para maniobrar alrededor de los invitados y esquivar cientos de cochecitos y patinetas en el proceso. Mientras tanto, necesitaba algún nivel de funcionalidad cerebral para entenderme con los miembros del elenco, tomar decisiones y servir bien a los invitados. Aunque la mayoría de los trabajos de oficina no requieren el mismo nivel de aptitud física que manejar un parque temático abierto 365 días al año, los mejores líderes no se quedan detrás de sus escritorios todo el día. Caminan por su operación y se relacionan con sus colegas, miembros de equipo o clientes. Ellos preguntan, investigan, cuestionan, formulan estrategias y tienen que tomar decisiones inteligentes en el proceso. Por supuesto, la aptitud física impacta a más que nuestra vida profesional. ¿Qué hay de ese nuevo hobby que hemos querido adoptar? ¿Qué tal pasar más tiempo jugando con nuestros hijos o compartiendo actividades al aire libre? ¿Qué hay de las horas de voluntariado que pretendimos completar?

Una vez que adopté un estilo de vida más saludable, mi nueva energía y cuerpo y alma descansados me permitieron lograr mucho más: me convertí en un aspirante a kitesurfista (todavía en progreso), abordé el proyecto de organización con el que mi esposa me había estado molestando y también asumí algunas tareas de la casa con regularidad, para su deleite. Compartí salidas improvisadas a jugar Frisbee con mis hijos y dediqué más horas de voluntariado a Junior Achievement, una organización con la que he estado involucrado durante más de una década. Con todo, recuperé un sentido de plenitud que me había estado eludiendo durante algunos años. Además, mis niveles de estrés y culpa cayeron. Descubrí que podía pensar clara y objetivamente sobre mis prioridades, abordar los problemas con eficacia y, en general, ser más proactivo en lugar de recurrir a mis típicas reacciones por reflejo.

Tu lista obviamente será diferente a la mía, pero si estás buscando motivación, considera todas las cosas que "quieres hacer" y que "nunca llegas a hacerlas", todas las veces que dices "no" a invitaciones espontaneas porque no tienes las ganas, y todo el tiempo de calidad que te pierdes por estar demasiado agotado para hacer cualquier cosa más que dormir o colapsar frente a la televisión sin pensar en más ¿Y si pudieras hacer más con una versión mejorada de ti mismo?

Crea un punto de partida.

Evaluar objetivamente tu bienestar general de forma regular es un buen punto de partida, así como hacerse un chequeo anual es otro. Como dice el refrán "lo que medimos, lo podemos mejorar". Algunos de nosotros (en su mayoría hombres) somos más reacios a hacernos un chequeo anual ¿Es nuestra tendencia machista interior la que nos impide admitir que no somos invencibles? Los hombres a menudo se aferran a la creencia de que necesitan ser fuertes y autosuficientes y estadísticamente no buscan asesoramiento médico hasta que alcanzan los cincuenta años. Sea cual sea su género, programa un chequeo anual. No esperes a que aparezcan síntomas o a que el dolor se agudice antes de ir al médico.

Es importante establecer un punto de referencia de tu salud general para que cuando algo salga mal, tu entidad de salud sepa exactamente cómo te ves estando sano. Una buena relación con tu médico es igualmente importante, ya que se sentirá más cómodo siendo 100% honesto, sobre todo, desde tu historia familiar, hábitos diarios (¿realmente sólo es una copa de vino?) y tus preocupaciones. Se proactivo con el personal de la oficina sobre la actualización y optimización de registros. Casi todos los consultorios ahora tienen los resultados de las pruebas de sus pacientes disponibles a través de un portal web privado, el cual también puede conectarse remisiones y otra información médica crítica. Nunca hemos tenido tanto acceso a nuestra propia información de salud, así que ¿por qué no aprovechar los recursos?

Mete el ejercicio en tu ocupada vida.

Para encontrar lo que es adecuado para ti, olvídate de los detalles del ejercicio por un minuto y concéntrate más bien en el tiempo y la conveniencia; la constancia es lo que realmente importa. Sé realista. Comienza por hacer lo que se ajuste a tu horario. Si te has salido completamente de una rutina de ejercicio, ahora es un buen momento para experimentar. Intenta levantarte una hora antes para trotar antes de ir al trabajo, reunirte con un amigo para jugar tenis en el almuerzo o tomar una clase de spinning en el camino de regreso a casa. ¿Te gusta hacer ejercicio solo? ¿Con música? ¿En una clase? ¿Qué te da esa dosis de endorfinas? Desde ciclismo y caminatas hasta yoga o boxeo, las opciones están en todas partes. Así que, sin excusas.

Una vez que encuentres algo que te atrae y funcione con tu estilo de vida, aparta el tiempo en tu calendario y defiende ese tiempo como si defendieras una reunión importante. Yo programo mi ejercicio como lo haría con cualquier otra reunión, pues son mis reuniones con mi cuerpo.

Si esperas a que los cielos se abran para ir al gimnasio, siempre habrá asuntos más urgentes y simplemente no sucederá. Considera esto: No dejaríamos que nuestro hogar se deteriorara con moho, ventanas rotas, fugas e infestaciones de insectos. ¿Por qué? Porque su valor se depreciaría. Del mismo modo, no querrás dejar que tu cuerpo caiga lentamente en decadencia. Es difícil de imaginar cuando estás en tus veinte o treinta, sin embargo, es sólo cuestión de tiempo antes de que el envejecimiento o el desgaste autoinducido pasen factura. Será capaz de hacer menos con tu cuerpo, se descompondrá más rápido y tu calidad de vida y resistencia se deteriorarán.

Nuestros cuerpos son nuestros para cuidarlos de por vida. Cuando invertimos en su mantenimiento haciendo ejercicio, comiendo alimentos saludables y descansando, recibimos un retorno inmediato de la inversión a través de fuerza, resistencia y poder. También recibimos un retorno a largo plazo de la inversión a través de vidas más longevas, más y mejores experiencias y un mayor éxito en la vida y los negocios. Así que echa un vistazo a tu horario y saca la cantidad de tiempo adecuada para dedicarte a tu bienestar y apégate a él.

Crea la mejor rutina de ejercicio.

En febrero de 2019, cumplí 50 años. Mis amigos de la secundaria y yo planeamos un viaje de celebración a un resort con todo incluido en Costa Rica. Sobra decir que las noches de desvelo fueron muy divertidas, alimentadas por cócteles exóticos y muchas historias de nuestra juventud que contamos una y otra vez.

Las mañanas... esas fueron un poco más duras para la mayoría de nosotros. No importa. Nuestra amiga Missy estaba decidida a levantarse temprano y completar lo que ella llamaba "su palabra" de cada día. Todos estábamos confundidos en cuanto a lo que ella quería decir. "Su palabra", explicó, era parte de una rutina de entrenamiento siguiendo el alfabeto. Al parecer, el entrenar siguiendo el alfabeto implicó el uso de una lista de veintiséis ejercicios aeróbicos y de fuerza, tales como saltar abdominales, sentadillas y flexiones. Missy tenía una lista de la A a la Z, con un ejercicio particular y número de repeticiones junto a cada letra.

Missy tenía que completar una «palabra» de ejercicios por día. Por ejemplo, si su palabra diaria era papaya, tenía que hacer un conjunto de treinta rizos de brazo (quince rizos por P en papaya), 150 saltos de tijera (cincuenta por cada A), y diez abdominales (por la Y). Cada día tenía una palabra diferente y por lo tanto un conjunto diferente de ejercicios para hacer. A todos nos impresionó su fuerza de voluntad, aunque aprendimos que tenía otra motivación. Missy lo hacía en conjunto con su hija de 20 años, Kaylee. Los dos compartían y compararon sus entrenamientos través de sus Apple watch. Sus ejercicios individuales eran diferentes entre sí, pero se mantenían comprometidas mutuamente. Ninguna se retrasaba por miedo a ser llamada holgazana. Missy había construido un nuevo hábito divertido y motivador para ella y su hija, y una "nueva normalidad" para su rutina diaria.

«Comienza donde estás, usa lo que tienes y haz lo que puedas.» —Arthur Ashe

---

Encuentra algo divertido.

La rutina de Missy puede no ser para todos, pero fue divertida para ella, y ella podía hacerla en cualquier lugar, en cualquier momento, incluso después de una noche fuera que hizo que el resto de nosotros durmiera hasta tarde. Tan simple como parezca, la mejor manera de encajar el entrenamiento en tu ajetreada vida es empezar a hacer algo que consideres divertido y entretenido. Si es divertido, es mucho más probable que lo hagamos cuando haga frío, estemos cansados o encontremos una de las muchas otras excusas creativas.

Te conoces mejor que nadie, así que no dejes que otras personas definan por ti que es divertido, así como no deberías dejar que otras personas definan el éxito para ti. Prefiero mezclar mis entrenamientos alternando entre diversas actividades: correr, nadar, andar en bicicleta, entrenamiento con pesas, esquí, kitesurfing, senderismo y un juego ocasional de rugby. Encuentra algunas actividades que disfrutes y comienza. Mientras te mueves regularmente (y más de lo que estás acostumbrado), estás en el camino correcto.

Se trata de mejorar.

La única persona con la que debe competir es tu mismo, así que evita dejar que la condición física de otras personas influya en ti. Si estás en las redes sociales, leerás historias y verás fotos de personas que están más en forma que tú o terminando entrenamientos más extremos, lo cual puede ser bastante desalentador. Te encontrarás con personas bien intencionadas que están llenas de consejos y te contarán todo sobre sus entrenamientos y sugerirán programas de ejercicios, clases o gimnasios. Estamos tentados a emularlos, pero ten en cuenta que pueden llevarte meses o años de ventaja, que sus cuerpos son diferentes, que su capacidad para recuperarse varía de la tuya y que puede que se diviertan haciendo cosas diferentes. Aprende lo que puedas de ellos, pero apégate a tu plan, tu idea de diversión y tus propios logros, pues de lo contrario, podrías terminar renunciando o incluso lastimándote a ti mismo. Recuerda: corre tu propia carrera. No permitir que los entrenamientos de otras personas impacten negativamente en nuestros propios caminos es difícil cuando eres tan competitivo como yo. Con el tiempo, he aprendido a recordarme a mí mismo que la aptitud física no se trata de ganar, sino de mejorar. Así, cuando alguien comparte el éxito de su entrenamiento, los felicito y aliento, pero he aprendido a no compararlo con mis propios logros. Mientras tanto, me doy ánimo con una idea en mente: si sigo ejercitándome, seguiré mejorando. Por lo tanto, hago seguimiento a mi progreso y me exijo un poco más cada día.

También me gusta recordarme la regla general de los Cuerpos Elite sobre la capacidad física: cuando empiezas a estar mentalmente listo para renunciar, solo has usado el 40% de tu capacidad. Lógicamente, eso significa que nunca tenemos que competir contra otras personas, sólo tenemos que competir contra nuestro instinto natural de renunciar. Si nos entrenamos para exigirnos hasta que pensemos que estamos listos para renunciar, pero seguimos adelante, estamos empujando el límite. A medida que nuestra condición física mejora, nuestras mentes, estando a un 40% de su capacidad, aún nos dirán que renunciemos, pero ese nivel también seguirá moviéndose. Todo es un juego mental. Como dijo Sir Hillary: "No son las montañas las que conquistamos, sino a nosotros mismos". La única manera en que sabremos de lo que somos capaces es conquistarnos a nosotros mismos. ¿No querrías saber de lo que eres capaz?

Empieza con algo pequeño.

Cuando apenas estas empezando, empieza con algo pequeño. Exígete incrementalmente. No tienes que correr el triatlón Ironman mañana, ni nunca, para estar físicamente en forma. Puede que nunca corras un maratón 5K, pero podrías estar en tremenda forma física, así que no dejes que los corredores de maratón te hagan sentir que no estás haciendo lo suficiente. Comienza por ir a caminar o dar un paseo en bicicleta. Sube y baja las escaleras durante 20 minutos.

Cualquiera que sea la rutina, comienza con poco e incrementa gradualmente. Dentro de seis meses, estarás en mejor forma si comienzas con poco que si tratas de ir a lo grande de inmediato, lo que a menudo conduce a agotamiento o lesiones.

Haz seguimiento de tu progreso.

Puede ser difícil reconocer lo lejos que hemos llegado con nuestra condición física. Esto es especialmente cierto cuando nos hemos entrenado para superar constantemente la marca del 40%, ya que al hacer eso, cada entrenamiento se sentirá más desafiante. Así que, a pesar de que podríamos correr más rápido o más lejos, o levantar más peso, siempre nos sentimos cansados. Eso puede hacernos sentir que no estamos mejorando.

Para evitar sentir desanimo, hago seguimiento de mis entrenamientos. Registro el número de días que hago ejercicio, número de repeticiones en la piscina, series completada o kilómetros recorridos y mido mi progreso mirando la tendencia general a lo largo del tiempo. Cualquier tipo de aparatos electrónicos les servirá a aquellos a los que no les gusta hacerlo en papel a la moda antigua.

A medida que pasa el tiempo, usted podrás de visualizar varios meses o incluso años atrás, y verás una mejora espectacular. Tu propio progreso te dará impulso. Además, será menos probable que te sientas culpable si terminas perdiendo uno o dos días.

Encuentra un sistema de apoyo.

Incluso con herramientas, seguimiento y cambios de mentalidad, se necesita mucha fuerza de voluntad para seguir adelante con una rutina de ejercicio. Si te cuesta encontrar la fuerza de voluntad, crea un sistema de apoyo.

¿Tienes una hija de 20 años para animarte, como Missy? Eso podría funcionar. Pero si no, busca un entrenador, ejercítate con un amigo o compañero de trabajo, hazte amigo de otras personas en una clase grupal de tu centro de entrenamiento más cercano para mantenerte comprometido. Ir al gimnasio o salir a correr es mucho más fácil cuando te has comprometido a ir con otra persona. ¡Y recuerda, esa persona también confía en ti!

Come como un gourmet saludable.

En lo que a mí respecta, Ernest Hemingway captó con precisión la esencia de la cultura francesa cuando dijo: "Si tienes la suerte de haber vivido en París de joven, se quedará contigo dondequiera que vayas, porque París es un festín móvil".

Debo ser especialmente afortunado porque viví en París cuando era joven y abrí Disneyland en París y me casé con una increíble mujer francesa que me ha convertido a la cultura francesa y, en particular, a la forma francesa de comer.

En casa, tenemos algunas reglas simples.

Primero, las comidas son momentos importantes del día. Ya sea almuerzo o cena (y desayuno el fin de semana), son ocasiones especiales en nuestra casa, inspiradas en nuestro tiempo en Francia. Apartamos el tiempo para reunirnos alrededor de la mesa y disfrutar de la compañía del otro. Nos ponemos al día, conversamos, debatimos y a veces no estamos de acuerdo, pero nos aseguramos de dejar fuera de la mesa todos los asuntos serios y las conversaciones desagradables, pues la consideramos una zona segura. Como resultado, nos tomamos nuestro tiempo para disfrutar de nuestra comida y mantener animadas conversaciones en la mesa.

En segundo lugar, todos los dispositivos electrónicos quedan fuera de límites durante las comidas. Si alguien es lo suficientemente desafortunado como para sacar un celular, esa persona se encontrará rápidamente con una mirada fulminante que le dirá "¡Guarda eso!" Nada de TV, teléfonos o cualquier cosa que se parezca remotamente a una pantalla, pues se trata de tener un tiempo de calidad. En tercer lugar, también hacemos que sea una

experiencia gastronómica realmente agradable. La belleza de la cocina francesa radica en su variedad (¡sí, a veces las ancas de rana están en el menú!). Comemos todo tipo de platos variados, a menudo frescos, caseros y preparados simplemente.

Siempre hemos animado a nuestros hijos a ser comedores aventureros, con la regla de siempre probar. Tomar más tiempo para comer, apreciar nuestra comida y socializar también nos ayuda a darnos cuenta cuando estamos llenos, y comer lentamente permite una mejor digestión. Como resultado, nos detenemos antes de engullir otra chuleta de cerdo o ir por la segunda o tercera porción.

Finalmente, podemos comer cualquier cosa, siempre y cuando sea con moderación. ¿Sabes qué es mejor para tu cintura que un sándwich? ¡Medio sándwich! Como aprendí durante mi tiempo en el Disneyland de París, la mayoría de los franceses sirven porciones mucho más pequeñas que los estadounidenses y, sin embargo, tomar más tiempo para disfrutar de sus comidas.

Como era de esperar, las porciones se han hecho más grandes en los Estados Unidos, reflejando nuestros vientres en expansión. Los restaurantes tienden a acumular comida, ya que la clientela estadounidense a menudo equipara la cantidad con la relación calidad- precio. La verdad es que las dietas a menudo están sobrevaloradas. No hay necesidad de escatimar en tus comidas favoritas. Todo lo que se necesita es controlar las porciones. Mire el tamaño de sus porciones y tal vez considere usar un plato para postres para todos los platos

¿por qué no? Un colega mío ordena su almuerzo en restaurantes y le pide al servidor que le ponga la mitad antes de que lo sirva.

Comer como un gourmet es la receta para una dieta exitosa pero agradable. No es nada del otro mundo, pero funciona para los franceses y ciertamente funciona para mi familia. Hemos criado a tres niños sanos, ahora jóvenes adultos que no sólo se toman el tiempo para disfrutar de sus comidas, sino que también disfrutan del foie gras, ostras o ancas de rana...

¡todo con moderación, por supuesto!

Descubre tu Bella Durmiente interior.

La pieza final del rompecabezas de un estilo de vida saludable es posiblemente la pieza más fácil y difícil de poner en su lugar: dormir. En 2014, fui invitado a participar en la conferencia Sodexho Quality Life Worldwide como panelista destacado. La moderadora era Arianna Huffington, que acababa de comenzar lo que ella llamó su "Revolución del Sueño". Más tarde escribiría un libro perspicaz, La revolución del sueño: Transforma tu vida, noche tras noche (Harmony, 2016), sobre la importancia del sueño y cómo afecta nuestra capacidad de actuar.

El sueño es frecuentemente considerado una pérdida de tiempo. Escucho a la gente alardear de su habilidad para desempeñarse en su día con sólo cuatro o cinco horas de sueño, y siento lástima por ellos porque sé que no están desempeñándose a plena capacidad. Prácticamente todos los datos confiables confirman que la suspensión es fundamental para un mejor rendimiento. Podemos estar mucho más satisfechos y lograr más en dieciséis horas bien descansadas que en veinte privadas de sueño, especialmente a largo plazo.

A medida que aprendí sobre la importancia del sueño gracias a Huffington y otros recursos, empecé a evaluar mis emociones y rendimiento después de noches bien descansadas en comparación con aquellas privadas de sueño. Durante años, me comí la mentira de que "no necesito dormir". Me estaba sobre exigiendo y confiaba ciegamente en el hecho de que por lo general estaba funcionando bien en el trabajo y en casa.

Sin embargo, a medida que reevaluaba mis hábitos de sueño, me di cuenta de que saldría de la cama sintiéndome cansando y enojado. Constantemente me sentía letárgico, funcionando con mínimo combustible. Empezaba a regañadientes mi día de trabajo impulsado por cafeína y continuamente me encontraba agotado en algún momento de la tarde. Mi único recurso era otra tasa de expreso que me levantaba para el resto de la tarde, pero que generalmente me mantenía despierto hasta bien pasada una hora razonable para acostarme, y el ciclo se repite al día siguiente. Claramente no estaba teniendo suficientes horas de sueño y me había vuelto adicto a la cafeína en el proceso.

Era hora de cambiar. Una vez más, no hay un número mágico que funcione para todos, aunque muchos estudios sugieren llegar a un lugar entre siete y nueve horas de sueño de calidad cada noche es ideal. Cuando estoy dando mentorías a líderes, sugiero experimentar con lo que funcione mejor para ellos, rastreando cuánto duermen y cómo se sintieron y actuaron al día siguiente. Algunas personas pueden funcionar muy bien y sentirse bien sin necesidad constante de cafeína y con solo siete horas de sueño, mientras que otros requieren nueve. Sin embargo, si regularmente duermes menos de siete horas, es probable que necesites dormir más.

Evalúa tu nivel de energía al salir de la cama. ¿Te sientes bien descansado y listo para enfrentar el día? O ¿te sientes como un niño pequeño que no durmió la siesta? Si te sientes como un niño malhumorado en lugar de un adulto racional y bien descansado, ajusta tu horario. Antes de ir a la cama, apaga el televisor y esconde los aparatos electrónicos. Al igual que los niños, nos va mejor cuando adoptamos una rutina antes para antes de dormir. Así que encuentra una que te permita relajarte. Cuando nuestros hijos estaban pequeños, mi esposa y yo solíamos turnarnos para leerles.

Esto se convirtió en parte tanto de nuestra rutina a la hora de dormir como de la de ellos. ¡Era nuestra manera de relajarnos y encontrar a nuestra Bella Durmiente interior!

La Vía Rápida a los Resultados

Para una aptitud física óptima, haz lo siguiente:

- Crea un punto de partida evaluando tu condición física actual. Hazte un examen físico y comprométete a programar uno anualmente.
- ¡Prueba el entrenamiento del alfabeto! (Dancockerell.com/alphabetworkout)
- Determina lo que más te divierte y satisface, y qué encaja en tu agenda. Busca un sistema de apoyo si lo necesitas.
- Registra tu progreso y evalúa las mejoras observando el panorama general durante un largo período, no solamente días.
- No tienes que seguir una dieta estricta si controlas tus porciones.

- No subestimes el poder rejuvenecedor del sueño. Si estás agotado cuando te despiertas en la mañana, necesitas una nueva rutina de sueño.

Capítulo 2
Ponte en Forma Mentalmente

Mientras estudiaba en la Universidad de Boston, participé en el programa Disney College en Orlando, donde trabajé en la recepción del Hotel Contemporary durante tres meses. Al graduarme de Universidad de Boston, decidí probar suerte en Disney otra vez. Me contrataron como asistente de estacionamiento en Epcot, lo que finalmente me dio la oportunidad de unirme al Programa de Capacitación en Gestión. Esto, a su vez, me llevaría más tarde a unirme al equipo inaugural de Disneyland en París.

En Epcot, pasé seis meses en formación alternando entre estacionar carros y conducir el tranvía que lleva a los huéspedes desde el estacionamiento a la entrada principal del parque. Era especialmente duro durante los concurridos, calurosos y húmedos meses de verano de Florida, pero mantuve los oídos y los ojos abiertos e intenté aprender y absorber tanto como fuera posible. No hace falta decir que cuando se presentó la oportunidad de perfeccionar en Francia mis habilidades recién adquiridas, la tomé sin pensarlo.

Así es como, en enero de 1992, me encontré en un vuelo con destino a París. Aunque me había ofrecido voluntariamente, no pude evitar pensar que me estaba embarcando en una tarea bastante desafiante: mudarme a un país del que conocía poco, empezar un nuevo empleo con una serie de responsabilidades que nunca había tenido antes y tener que hacerlo todo en un idioma que apenas entendía.

Además, dirigir el tráfico y aparcar vehículos de manera ordenada era una tarea bastante fácil en Estados Unidos, ¡pues los conductores en su mayoría acataban las instrucciones! pero hacer que los conductores franceses siguieran instrucciones y esperaran tranquilamente su turno era una propuesta totalmente diferente! También debí sortear muchas otras diferencias culturales. Sin embargo, se esperaba que fuera el gerente principiante a cargo del estacionamiento de Disneyland en París. Mi mente volaba. ¿En *qué estaba pensando*? ¿Para *qué debo prepararme*?

¿Frustración? ¿Miseria? ¿El *ridículo*?

Una vez que pasados los primeros momentos de pánico, decidí poner mi mente en un curso diferente. Una cosa que sabía con certeza era que siempre aprendí mis lecciones más valiosas afrontando desafíos. Por lo tanto, decidí considerar esto como una increíble oportunidad de aprendizaje que me proporcionaría muchas ideas valiosas, por no mencionar historias interesantes. Estaba decidido a disfrutar de los altos y bajos que sin duda vendrían en mi camino.

El Disneyland de París me dio algunas duras lecciones, pero también algunos descubrimientos agradables. Darme cuenta de que la mayoría de los franceses tienen un buen nivel de inglés fue uno de ellos. Pero también me preocupaba si iba a cumplir con las expectativas y entender el enfoque francés de la vida profesional. Pronto me di cuenta de que los estadounidenses generalmente "viven para trabajar" mientras que los franceses "trabajan para vivir". Nuestro sentido de prioridades resultó ser radicalmente diferente y yo, como líder, tuve que conciliar su enfoque con las expectativas estadounidenses.

Tuve días difíciles en los que me sentía impotente y desalentado, incluso algunos días en los que simplemente estuve tentado a empacar mis cosas y volver a casa. Cada vez que creía tener las cosas más o menos bajo control, otro desafío se presentaba: burocracia francesa, empleados descontentos amenazando con ir a huelga, representantes sindicales amenazantes, conductores agresivos, líderes poco éticos... la lista no acababa.

Durante mis cinco años trabajando en el Disneyland de París, experimenté muchos bajos debido a lo que parecían desafíos insuperables. Pero en el proceso, adquirí una mejor comprensión de mis propias fortalezas y limitaciones. También reconocí y manejé mis emociones y frustraciones de manera más efectiva, y como resultado, pude entender e influir en las emociones de los demás. En otras palabras, mostré una mayor conciencia de sí mismo y una inteligencia emocional más aguda. También obtuve un mejor sentido de mis valores personales, los que mantuvieron mi polo a tierra y guiaron mis decisiones durante los momentos de duda.

Mientras me recordaba lo invaluable que era esta oportunidad profesional y cultural en París, mantuve una mentalidad positiva y finalmente me encontré disfrutando el vivir y trabajar en Francia. A través de lo bueno y lo malo, aprendí lecciones para toda la vida desde una experiencia increíble. Al final resultó que encontré una carrera, una forma de vida, una gran cantidad de ideas y, por supuesto, mi esposa, Valerie.

Mentalidad

Todos vemos nuestras experiencias de vida a través del filtro de nuestra mentalidad. Cuando reconocemos que esta misma mentalidad altera nuestra percepción, estamos mejor equipados para ejercer el control sobre nuestras vidas. Después de todo, como dijo Charles Swindoll "la vida es 10% lo que nos pasa y 90% cómo reaccionamos ante ella".

Imagínate al volante de tu auto en la hora pico de la mañana. No nos gusta esperar en el tráfico porque nos sentimos impotentes e incapaces de hacer algo al respecto. Sin embargo, tenemos mucho control de cómo dejamos que esto afecte nuestro estado mental. Podemos quejarnos, lloriquear o protestar y alegar que es una pérdida de nuestro valioso tiempo, o podemos optar por un curso de acción diferente y hacer un buen uso de este tiempo. Tal vez podamos escuchar programas educativos, ponernos al día con las noticias, simplemente relajarnos o, mejor aún, poner el cerebro a trabajar.

¿Cuándo fue la última vez que te sentaste en silencio solitario? Estoy dispuesto a apostar que esto no sucede con demasiada frecuencia. Vivimos en un mundo acelerado, donde el puro acto de pensar profundamente se ha convertido en un lujo. Estamos bombardeados con información más que nunca, pero rara vez tomamos el tiempo para digerirla. Entonces, ¿por qué no dar valor a estos raros momentos de soledad y ejercitar ese gran cerebro nuestro? No podemos hacer nada con respecto al tráfico, pero podemos decidir por nosotros mismos si esta experiencia particular tendrá un impacto negativo o positivo en nuestra rutina diaria. Esto está bajo nuestro control.

Mi esposa y yo asistimos una vez a una cena de una ceremonia de entrega de premios en Disney durante la cual algunos miembros del elenco de primera línea fueron reconocidos por su destacada actuación. Este es un reconocimiento muy codiciado y estaban presentes varias figuras destacadas del Reino Mágico, tres de los cuales se sentaron en nuestra mesa con sus cónyuges. El evento tuvo lugar apenas cuatro semanas después de un huracán particularmente devastador. Mi esposa estaba preguntando cómo le había ido a todos durante tal evento tan difícil. Una pareja se apresuró a responder: "¡Tuvimos mucha suerte!" por lo que Valerie y yo asumimos que no habían sufrido daños en sus hogares. A medida que indagábamos un poco más, relataron cómo apenas escaparon de su casa para buscar refugio en la casa de un vecino antes de que su techo volara en pedazos y su casa se derrumbara. Al final resultó que esta familia en particular había perdido su casa y la mayoría de sus objetos de valor. Sin embargo, se centraban en lo mucho peor que podría haber sido y lo afortunados que fueron de haber escapado de una lesión o incluso de la muerte... el proverbial vaso de agua medio lleno o medio vacío. ¡Qué muestra de resiliencia, fortaleza y optimismo!

«La vida es 10% lo que nos pasa y 90% cómo reaccionamos ante ella». —Charles Swindoll

---

Se tú para ti.

Gracias a las redes sociales, nos hemos acostumbrado a publicar nuestras vidas y logros siempre tan perfectos para que el mundo los vea. No tomará más de 15 minutos en Facebook para sentir celos de las increíbles experiencias de vida y viajes exóticos de nuestros conocidos. Nos sentimos presionados para corresponder y pintar una imagen a menudo glorificada de nuestras propias vidas "perfectas". Ello me lleva a mi siguiente punto: la vida no es perfecta. De hecho, puede ser bastante horrible a veces. Pero seguimos tratando de estar a la altura de los estándares poco realistas de felicidad y cumplimiento en las redes sociales. Esta ventana al mundo es como "mantenerse al día de los Joneses" pero con esteroides: *Si la vida de todos es perfecta, mi vida debería ser perfecta también. ¿Por qué mi vida no puede ser perfecta?* Y por el ciclo vamos cayendo en espiral. Cuando no logramos estar al día, tenemos que enfrentar nuestras propias deficiencias, inseguridades, amarguras, ansiedades o, incluso, desesperación. Un estudio de *Harvard Business Review* de 2017 encontró que cuanto más usamos Facebook, peor nos sentimos.

Admitamos de una vez por todas que hemos establecido normas poco realistas para nosotros mismos. La vida es dura e injusta a veces y negarlo solo hace que los desafíos sean mucho más difíciles de superar. ¡Así que vamos a las recibir dificultades con los brazos abiertos! Admitamos que nuestra vida no es la imagen perfecta, que somos defectuosos y no siempre hacemos todo bien, que el clima puede ponerse bastante desagradable y nosotros quedar afuera aguantando frío. Esta es la mitad de la batalla. Si puedes admitir ser vulnerable y adoptar una mentalidad positiva, ello te llevará a la solución obvia: aprender y crecer, lo cual puede ser bastante liberador. No más pretensiones, no más farsas, solo admite que siempre hay lugar para mejorar y ponte a trabajar. El esfuerzo valdrá la pena y hará que los resultados positivos sean aún más agradables. Recuerda, el viaje a la perfección es interminable.

En su excelente libro *Mentalidad*, la Dra. Carol Dweck define una "mentalidad de crecimiento" en lugar de una "mentalidad fija". El primero te permitirá encontrar lo bueno en medio de lo malo, la lección en cada fracaso y dar la bienvenida a nuevas pruebas como oportunidades de aprendizaje. La segunda hará que te alejes de los desafíos por miedo al fracaso. Como resultado, un líder con mentalidad fija evitará asumir riesgos y dependerá exclusivamente de talentos innatos.

Imagina lo que sucede en una organización liderada por un individuo de mentalidad fija. Los intentos de admitir y corregir defectos se descartarían rápidamente, pues los egos inflados dependen de la percepción inflada de talentos. Además, el orden estricto y restrictivo, y el miedo a los errores inhiben la toma de riesgos. Todo ello es una receta para el desastre. Por otro lado, una organización liderada por un individuo con mentalidad de crecimiento se beneficiará de un líder que se comprometerá a mejorarse a sí mismo y también con el desarrollo de las personas.

Invertirá en capacitación y promoverá nuevas ideas e innovaciones. Este líder progresista desafía constantemente el statu quo y hará preguntas. Este líder aceptará comentarios, críticas constructivas y sugerencias de todos. Esto eventualmente se vuelve contagioso. No sólo florecerá la organización, sino que todo el equipo también prosperará gracias a un deseo de mejora continúa cimentado por su líder.

Esta idea de mentalidad de crecimiento sólo fortalece la necesidad de convertirse en un aprendiz de por vida, pues no se puede tener una carrera exitosa confiando exclusivamente en lo que se ha adquirido en la universidad o a través de la experiencia laboral. El ritmo del cambio ha aumentado tan drásticamente debido a la tecnología y la globalización que sólo podemos esperar seguir el ritmo educándonos a nosotros mismos. Como líderes, debemos buscar constantemente adquirir nuevas habilidades, ideas, metodología o nuevas formas de pensar. Sé un aprendiz ávido, sé curioso, desafíate a ti mismo para desarrollar nuevas habilidades, ábrete a nuevas perspectivas, lee, lee, lee...

Esta sed de conocimiento fue la base de mi motivación para escribir este libro: no sólo esperaba compartir algunas ideas, sino que también estaba ansioso por abordar un nuevo desafío y aprender una nueva habilidad. Es cierto que no tenía idea de cómo escribir un libro (estoy bastante seguro de que nunca escribí un ensayo de más de 10 páginas en mis años universitarios) y aunque la tarea parecía bastante retadora, me comprometí a seguir adelante. Seis meses después, mi libro se materializó y aprendí muchísimo en el proceso.

Alguien dijo: "Camina por la vida como si tuvieras algo nuevo que aprender... y aprenderás". Estoy comprometido a no perder nunca ese sentido de curiosidad y animar a otros en el camino. Por lo que a mí respecta, nunca es demasiado tarde para cambiar, nunca demasiado tarde para aprender, nunca demasiado tarde para mejorar.

Fracasar no te convierte en fracasado

Crea tu propia suerte.

Soy un firme creyente en la correlación directa entre nuestro estado mental y nuestra capacidad de crear nuestra propia suerte. Al ser curioso por naturaleza, a menudo estoy buscando interactuar con la gente y fácilmente participo de conversaciones casuales. También tengo el optimista punto de vista de que, si sacamos la cabeza y estamos dispuestos a sacarnos de nuestra zona de confort, algo bueno sucederá. Estas dos disposiciones a menudo han dado lugar a encuentros fortuitos y oportunidades. Trato de no aferrarme a ideas preconcebidas y, más bien, darles una oportunidad a todos y a todo, pues las grandes cosas a menudo se derivan de nuevos encuentros e iniciativas. Incluso cuando las perspectivas son sombrías, estoy dispuesto a ver lo bueno en medio de lo malo. Incluso cuando las cosas no resultan ser lo que esperabas, los fracasos son oportunidades de aprendizaje. Piensa positivamente, asume riesgos e inevitablemente crearás un ambiente propicio para la suerte.

Una gran escena del *Apolo 13* ilustra esta idea. Mientras un equipo de ingenieros de la NASA indaga sobre el destino de la misión y las pocas probabilidades de traer a los astronautas a salvo de vuelta a la Tierra, uno de ellos se lamenta: "Este va a ser el peor desastre que la NASA haya experimentado jamás".

A eso, el director del programa responde decididamente: "Yo difiero. Creo que este será nuestro mejor momento". Y en efecto lo fue. A través del pensamiento creativo colaborativo, el equipo trajo a los astronautas de vuelta a la Tierra sanos y salvos.

Cuando eres positivo ante la adversidad, cosas buenas tienden a suceder. Como líder, debes estar abierto a todas las posibilidades. Ser curioso, llegar a la gente, hacer preguntas, buscar opiniones, ver valor en sus aportes y perspectivas, y pensar fuera de la caja. ¿Quién sabe lo que espera a la vuelta de la esquina?

Hace dos años, los primos de mi esposa buscaban trasladarse temporalmente a los EE.UU. para aprender inglés. Inmediatamente nos ofrecimos a acogerlos y procedimos a cohabitar durante casi un año en lo que resultó ser una experiencia divertida y animada. Ambos asistieron a clases de inglés, donde hicieron muchos amigos. Eventualmente, acordamos organizar una cena para una docena de sus compañeros latinoamericanos, quienes también estaban en los Estados Unidos para asistir a un curso intensivo de inglés (ESL) de seis meses. A Valerie y a mí nos gusta conocer gente de diferentes culturas, y a través de un inglés muy pobre y un español muy masacrado de mi parte, nos las arreglamos para socializar con el grupo y pasar un gran tiempo en nuestra casa. Por casualidad, inicié una animada conversación con uno de nuestros invitados, Luis.

Luis es un empresario brasileño. Su historia de vida, su personalidad enérgica y su entusiasmo despertaron mi curiosidad esa noche y logramos entablar una gran conversación, aunque a través de muchos malentendidos divertidos. Nunca imaginé que dos años después, después de haber dejado Disney y comenzar mi nueva empresa de consultoría, Luis me contactaría y prepararía para algunos de mis primeros trabajos de consultoría en Brasil con dos de sus compañeros, también empresarios locales, Felipe y Guto. A su vez, estas conexiones han llevado a múltiples oportunidades en Sudamérica.

Si no me hubiese ofrecido a acoger a los primos de Valerie y su grupo de compañeros de clase, compartido con Luis y mostrado interés en su personalidad y carrera, y accedido a hablar con Felipe y Guto, nada de esto habría sucedido. A veces, simplemente no sabes de dónde va a venir tu golpe de suerte y quién va a dar la cara por ti. Los desafíos, situaciones mundanas y encuentros casuales pueden resultar más tarde ser una chispa muy necesaria para tus esfuerzos.

Inteligencia emocional

Cuando la inteligencia emocional o cociente emocional (CE) aterrizaron en nuestros radares, yo estaba ocupado abriendo Disneyland en París como Gerente de estacionamiento. Estaba demasiado ocupado con los detalles de las necesidades operativas para pensar en mi EC o falta de él. Una mañana de invierno, mis deficiencias me golpearon en la cara. Las cerraduras de la Plaza Principal de Peaje estaban congeladas y no podíamos abrirlas. Los asistentes estaban próximos a llegar y no teníamos como darles acceso. Llamé frenéticamente a Mantenimiento y obtuve una respuesta bastante letárgica.

Tal como a menudo sucedía con mis órdenes de trabajo, escuché lo poco favorable: "Tenemos una larga lista de solicitudes acumuladas, pero llegaremos a la suya". No dijeron nada respecto a cuándo me darían una solución. Evidentemente, Mantenimiento no parecía considerar esto como una prioridad, sin importar el impacto en nuestra operación. De repente, me sentí perdiendo el control. Debido a mi frustración, usé un lenguaje colorido para darle algún tipo de urgencia al asunto. Antes de darme cuenta, me oí decir: "¡Usted no entiende!", a la que recibí una respuesta sarcástica y picante: "Bueno, después de todo ¡usted es el Americano experto!

¡¿No ha lidiado con el hielo antes?!" Lo que realmente quise decir era "¡No, genio! ¡Vengo de Walt Disney World en Florid'ah!". Sin embargo, sabía que era mejor no seguir por ese camino y de repente me di cuenta de lo que había estado haciendo mal todo el tiempo.

Allí estaba en mi "Gloria Americana", mandoneando a estos experimentados trabajadores de Mantenimiento. Estaba asumiendo que mi anterior período de seis meses en Walt Disney World me había capacitado lo suficiente para liderar a través de las dificultades de una enorme apertura operativa como está a un equipo diverso, con diferentes habilidades y nacionalidades, sin mencionar el hecho de que los franceses generalmente vieron mal todo este proyecto americano como un ¡Chernóbil cultural! En ningún momento me fijé en el "panorama general". No se me ocurrió ponerme en su lugar y considerar su perspectiva: un estadounidense de 24 años que apenas puede encadenar cinco palabras en francés se convierte en su líder, les ordena, pide y exige su atención inmediata, sin tener en cuenta su carga de trabajo y sus propios desafíos. No les parecía que yo hubiera "pagado mis deudas".

Mi falta de experiencia me había llevado a recurrir a un estilo de liderazgo transaccional obsoleto y algo autocrático. Tenía poca conciencia de mí mismo y poco control sobre mis emociones y había sido ajeno al bienestar emocional de otros, incluyendo mis compañeros, colaboradores y empleados directos. No había logrado forjar una relación con aquellos que eran esenciales para mi desempeño... y acababa de enterarme de que esto venía con un precio.

Un Enfoque Diferente

Conociendo Nuestras Fortalezas

A menudo se dice que los jóvenes profesionales traen inteligencia digital o cociente digital (ID) al lugar de trabajo. Por otro lado, los trabajadores más experimentados aportan CE porque pueden identificar patrones de comportamiento y aprovechar las lecciones aprendidas en situaciones pasadas. También tienen comprenden mejor de sus propias fortalezas y debilidades. Aquí es donde debemos empezar. Hay todo tipo de evaluaciones disponibles para ayudarnos a desarrollar una mayor conciencia de sí mismos y determinar el tipo de herramientas personales a nuestra disposición. He utilizado StrengsFinder 2.0 y las evaluaciones de Myers-Briggs para ayudarme a ser más consciente de mí mismo. Los resultados no fueron necesariamente sorprendentes, pero me ayudaron a dirigir más conscientemente mi energía hacia mis fortalezas y pasiones.

StrengthFinders de Gallup analiza treinta y cuatro áreas diferentes y ofrece un informe de evaluación sobre las principales fortalezas y oportunidades. Estas treinta y cuatro fortalezas se dividen en cuatro categorías principales: fortalezas para ejecutar, fortalezas para influir, fortalezas para crear relaciones, y fortalezas de pensamiento estratégico. Descubrí que mis cinco puntos fuertes principales son arreglista, responsabilidad (fortalezas de ejecución), desarrollador, de inclusión y responsabilidad (fortalezas de creación de relaciones). Mi evaluación Myers-Briggs me clasifica como una ENFP, es decir, un perfil muy basado en relaciones.

Toda esta información me ayudó a reducir mis prioridades a una conclusión principal: cuanto más tiempo pasaba con la gente, más éxito tenía. Con ese conocimiento, adopté un enfoque diferente para el resto de mi carrera. Cada día, mi objetivo era estar con la gente y forjar relaciones, lo que me permitió inspirar, aprender, participar, ser creativo, reunir energía, crear emoción y ser empático, entre muchos otros beneficios.

Entonces, ¿cuáles son tus fortalezas? ¿Te estás poniendo en situaciones en las que puedes exhibirlas y usarlas? Los patos nadan y las ardillas trepan. Si eres un pato, pasa el rato en estanques; si eres una ardilla, pasar el rato en los árboles. Colócate en entornos donde puedas estar en tu mejor momento y utilizar sus talentos innatos para tener éxito.

Para mejorar la conciencia de sí mismo, nada es más efectivo que las conversaciones sinceras con personas de confianza y que te proporcionarán una retroalimentación honesta. Probablemente sepas intuitivamente quién será el más sincero: un amigo, un compañero, un mentor, un pariente o tu cónyuge. Asegúrate de consultar a alguien periódicamente en un ambiente casual y relajado, y ten paciencia y tu mente abierta. Como regla general, mi esposa siempre menciona su propia Resolución para el Año Nuevo el 1 de enero y luego, por si acaso, también tiene algunas «sugerencias» para mi mejora. Todo es en broma ¡pero siempre asumo que hay una razón subyacente para sus sugerencias! En general, escucha atentamente cuando recibas comentarios o "sugerencias" solicitadas o no. Analízalas por un tiempo antes de sacar conclusiones y forjar una respuesta o un plan de acción y siempre agradece a tu aporte.

Cuando pedimos retroalimentación, con demasiada frecuencia buscamos un cómplice.

Si te gusta escribir, empieza un diario (yo, por mi parte, soy un gran fan de los Bullet Journals.). Cuando te enfrenes a una toma de decisiones, registra los pros y los contras, cómo eventualmente llegaste a tu decisión y cómo te sientes a lo largo del proceso. Siempre que sea posible, revisa los comentarios anteriores que hayas registrado. Podrás ver cómo fluyen las emociones, los patrones surgirán y comprenderás más claramente cómo reaccionas ante los eventos, a la vez que serás capaz de tomar mejores decisiones. Muchos grupos de autoayuda respaldan esta práctica terapéutica. También he leído que es un hábito de Warren Buffett registrar sus suposiciones y "corazonadas" al comprar o invertir en una empresa. Él luego revisa sus notas para ver si sus evaluaciones e instintos eran correctos. Por lo tanto, hay valor en mirar los acontecimientos pasados, identificar tendencias y analizar nuestras acciones. ¿Quién soy yo para discutir con el Sabio de Omaha?

Autocontrol

El autocontrol es vital para demostrar estabilidad y mantener los pies en la tierra. Si tu objetivo es crear un gran entorno de trabajo para tu organización, tu equipo no querrá tratar con un líder temperamental e impredecible. En un momento u otro, la mayoría de nosotros hemos experimentado el rendir cuentas a un líder con una personalidad volátil, el tipo de persona que te hace preguntarte:

"¿En qué estado de ánimo estará hoy?" No querrás ser ese líder. He tenido mis momentos en que he dejado que mis sentimientos nublen mi pensamiento y tomado malas decisiones por el estímulo del momento. Por lo tanto, he aprendido de la forma difícil de moderar mis reacciones. Uno de mis empleados directos, llamémoslo Jeff, era una persona bastante sarcástica y hacía comentarios cáusticos durante las reuniones. Yo dejaba pasar los comentarios cínicos para abordar asuntos más urgentes. Finalmente, me convencí de que el sarcasmo de Jeff no era tan importante después de todo y que la mayoría de la gente lo encontraba divertido. Sin embargo, no fue sino hasta unos meses más tarde que otro líder me llamó la atención: "Dan, ¿no te das cuenta de lo que dice Jeff? ¿Crees que está bien?" De repente me frustré conmigo mismo por no abordar el problema antes y dejar que el sarcasmo de Jeff se convirtiera en un comportamiento aceptable. Lo llamé a mi oficina y me lancé a una diatriba muy agresiva y emocional contra su comportamiento. Jeff me miraba, sorprendido, como si estuviera loco. En su mente, mis comentarios probablemente carecían de fundamento.

Un día, estaba caminando por encima de un volcán cubierto de hierba y disfrutando del paisaje, y al siguiente, el volcán entró en erupción. Si hubiese habido el más mínimo estruendo en el aire, seguramente habría elegido una ruta diferente. Sin embargo, al no haber previo aviso, no tuvo razón para cambiar su camino.

Para llevar esta analogía más lejos, imagínate a ti mismo como un volcán con emociones revoloteando bajo la superficie. En lugar de entrar en "modo silencioso" o "en erupción", podemos aprender a tener más de dos modos:

¿qué tal un "modo retumbante?" Es una manera justa de dar a los miembros del equipo la oportunidad de cambiar sus comportamientos. Por supuesto, esto es más fácil decirlo que hacerlo. Cuando sientas ganas de entrar en erupción, da un paseo, respira y planifica tu enfoque para el día siguiente. La noche es una buena consejera y te beneficiarás de tomarte el tiempo para pensar las cosas con calma y racionalidad. Si sucede que erupciones espontáneamente, aprende a recuperarte y minimizar el daño. Está bien decir "Lo siento".

Aunque he aprendido a moderar mis reacciones, también he descubierto que una reacción tardía también puede causar malinterpretaciones y confusión. Por ejemplo, personalmente tiendo a retirarme en silencio para pensar en una respuesta apropiada, pero otros pueden interpretar esto como un comportamiento pasivo agresivo de "tratamiento silencioso". Aunque no es deliberado, mi respuesta o comentarios tardíos sobre un tema pueden ser percibidos como una falta de interés o, peor aún, como evitar tomar una decisión (En varias ocasiones, mi esposa o los miembros del equipo han sido frenteros en sus comentarios). El silencio a menudo deja la puerta abierta a la interpretación. Así que si decides no decir nada, hazlo saber para que haya claridad y así evitarte muchos malentendidos. Un simple "Déjame pensarlo" o "Te respondo luego" será suficiente.

Podemos mejorar nuestro autocontrol practicando la atención plena (mindfulness): la habilidad de enfocarnos en el presente y reconocer una variedad de sentimientos, sensaciones y pensamientos. Es una gimnasia mental muy desafiante. Pero al igual que trabajamos para mantenernos en forma, deberíamos ejercitar nuestro cerebro también.

La meditación regular nos enseña a reconocer nuestros pensamientos sin que nos abrumen.

Al igual que eliminamos la basura cuando preparamos una casa antes de mostrarla a los posibles compradores, debemos eliminar la basura de nuestro cerebro para que podamos centrarnos en nuestros sentimientos y entender mejor cómo reaccionamos. La práctica es exigente y a menudo me carezco de la disciplina para mantenerme comprometido y no dejar que mi mente vague. Esto también requiere entrenamiento. Aplicaciones como Calm y Headspace están disponibles para que esta práctica sea más fácil y accesible.

Empatía

Después de mi fiasco inicial en Francia al tratar con el equipo de mantenimiento de Disneyland París, me tomé el tiempo para conocerlos mejor, preguntando por su trabajo y frustraciones. Les hice preguntas y les escuché atentamente. Al interactuar, presté toda mi atención: sin teléfono, ni miradas laterales. Al distraerme, inmediatamente redirigía mi atención a la conversación y al enfrentar situaciones difíciles, retuve mis juicios de valor y me aseguré de entender todos los hechos y perspectivas antes de formular una opinión.

El resultado fue lograr forjar una relación basada en el respeto mutuo por las contribuciones de todos. También me volví consciente de las diferencias culturales en el trabajo. Me aseguré de preguntarles como estaban, por sus familias o hobbies antes de hacer mis solicitudes, tal como lo dicta la cultura local. Les preguntaba por sus gustos y disgustos, pasiones e intereses; y compartí con ellos los míos. Incluso anoté algunos puntos hermosos aprovechando mi pasión por el rugby ¡que es todopoderoso en suelo francés! Ser más abierto acerca de mí mismo, mis miedos y mis preocupaciones, indicaron que estaba dispuesto a mostrar vulnerabilidad y me hizo más accesible. Pronto, mis solicitudes se cumplían rápidamente y el trabajo se estaba ejecutando. De repente, la vida se había vuelto mucho más fácil

Necesito ofrecer un pensamiento final sobre la inteligencia emocional y una advertencia: mostrar empatía no significa que tengas que ser amable todo el tiempo o estar de acuerdo con alguien o algo. Mostrar empatía sólo significa que tienes la capacidad de ver los puntos de vista de los demás y ser consciente de sus sentimientos y perspectivas.

Es dejar saber a las personas que han sido escuchadas y que su opinión le importa. Entonces puede elegir no estar de acuerdo... y eso está bien también.

«La inteligencia emocional no es el triunfo del corazón sobre la cabeza; es la intersección de ambos».
—David Caruso

Comunicación

La mayoría de las veces, nuestra falta de autocontrol puede simplemente materializarse en forma de una respuesta seca, un comentario exasperado, un suspiro, una mirada lateral, voltear los ojos o una contracción de impaciencia, así que se consciente de las señales verbales y no verbales. En caso de duda, me recuerdo a mí mismo dar los siguientes pasos antes de una conversación:

- Me pregunto si este es el momento y el lugar correctos.

- Presto atención a las palabras que elijo y milenguaje corporal.
- Escucha ávidamente e intencionalmente.
- Busca señales en la comunicación, especialmentepistas no verbales.
- No me apresuro y evito saltar a conclusiones repentinas.
- No escuches con la intención de responder,sino de entender.
- Me doy el regalo del tiempo para responder acomentarios emocionales.
- No permito que mi percepción se sesgue pormis sentimientos. Las suposiciones pueden interponerse fácilmente en el camino.
- Finalmente, si la conversación se calienta, antes deresponder me pregunto: "¿Realmente es necesariodecir esto?"

Todos estos pasos son críticos durante las conversaciones desafiantes, pero es mucho más fácil practicarlos en entornos más informales. Son habilidades importantes que hay que construir para cualquier circunstancia.

La atención plena (Mindfulness) y la inteligencia emocional le permitirán comprender mejor cómo reacciona ante diferentes situaciones e identificar sus puntos ciegos. Tus debilidades y sus puntos de activación serán más evidentes. Como resultado, podrás luchar contra tus impulsos de reaccionar emocionalmente ante desafíos, conflictos, retroalimentación o críticas.

Los efectos acumulativos de estos simples actos de disciplina y autocontrol aumentarán enormemente tu capacidad para forjar mejores relaciones, entendimiento y confianza. El Dalai Lama define acertadamente esto como ser capaz de demostrar "higiene emocional".

Los líderes que dominan el arte de aprovechar el poder de las emociones, ya sean las propias o de los demás, tienen más éxito al comunicarse e inspirar las personas, pues son capaces de involucrar sus equipos a nivel emocional, lograr que crean en el objetivo y se sienten más seguros al empoderarlos. Como resultado, podrán impulsar el cambio de manera más efectiva, ya que debido a su agudo sentido de sí mismos y de los demás, reconocen la necesidad de orientación, reconocimiento y retroalimentación de los miembros de su equipo, o simplemente cuando es el momento de quitarse del camino.

La Vía Rápida a los Resultados

Para poner tu mente en forma:

- Adopta una mentalidad de crecimiento y aprovecha las oportunidades de aprender, así crearás tu propia suerte en el proceso.
- No te presiones con estándares poco realistas. Aprovecha la imperfección. Sé tú para ti, pues todas las demás ya lo hacen.
- Utiliza StrengthsFinder, Myers-Briggs u otras herramientas para identificar tus fortalezas.
- Rodéate de personas que te hagan comentarios honestos y abiertos sobre ti mismo.
- Practica el autocontrol. Si estás frustrado, deja que el volcán retumbe un poco antes de entrar en erupción.
- Ten cuidado con lo que puede percibirse como un comportamiento pasivo-agresivo. Deja que tu equipo o tus socios sepan cuándo necesitas "pensar bien las cosas".
- Medita, con las aplicaciones Calm o Headspace, para mejorar tu atención plena.
- Se empático: haz preguntas más allá del asunto en cuestión, evalúa el punto de vista del otro sin relegar tus sentimientos y perspectivas.
- La buena comunicación comienza con el conocimiento de señales verbales y no verbales.

Capítulo 3

Aptitud Moral

Uno de los individuos más influyentes en mi vida fue inequívocamente mi abuelo, el Contraalmirante Charles Norville Payne, quien me enseñó los valores de integridad trabajo duro y humildad. Como mencioné antes, su mantra era "Haz lo mejor posible, y luego perdónate a ti mismo". En otras palabras, haz lo que dices que harás, pon tu mejor esfuerzo en tu trabajo, siempre asume que puede mejorarse y prepárate para intentarlo de nuevo mañana. Mi abuelo vivió para cumplir su palabra y llevó una vida increíble. Cuando era joven, sólo podía esperar emularlo, pero pronto me di cuenta de que no es tan simple.

Encuentra tu brújula moral.

A lo largo de nuestras vidas, adquirimos un conjunto personal de moral o valores. Nos proporcionan una brújula para ayudarnos a tomar decisiones, buenas o malas, Cuando era joven, pensaba en mis abuelos, padres, entrenadores deportivos y otras personas que admiraba, sabía intrínsecamente que poseían las cualidades que quería emular para ser en un individuo feliz y descubrí aquello por lo que quería ser conocido al verlos en acción. Colectivamente, ellos demostraban respeto, humildad, trabajo duro e integridad. No dejaron de aprender en toda su vida y fueron grandes mentores. Nunca pensé en ello como la adquisición de una brújula moral como tal, pero eso es realmente lo que estaba sucediendo. Me tomó llevó una buena introspección el darme cuenta de que estas cualidades eran algunos de los valores que debería adoptar si quería vivir una vida plena.

Así que, sin saberlo, había emprendido un viaje personal para lograr mi yo ideal, un viaje que todavía estoy haciendo hoy y que comienza con ser saludable, organizado y confiable. Lo siguiente es ser siempre respetuoso, independientemente de las personas con las que interactúes, humilde e íntegro. Por último, pero no menos importante, es ser un mentor y líder que ayude a otros a alcanzar su potencial. Nunca sentí la necesidad de pensar deliberadamente acerca de mis valores porque tuve la suerte de tener grandes modelos a seguir que me guiaron en la dirección correcta, lo que en su mayoría sutilmente.

Algunas personas nunca consideran y se preguntan por su sistema de valores. Así que probémoslo. Imagínate por un segundo que vas a ver una larga y exhaustiva lista de valores, ¿cuáles creerías que te representan? Puede que termines con una larga lista (a menudo tenemos opiniones infladas de nosotros mismos), pero ¿cómo puedes saber si esa lista es exacta? Bueno, sólo hay una manera de averiguar lo que realmente te representa…

Alinea comportamientos con valores.

Tener una lista de valores es una cosa, más la verdadera prueba es dar vida a los valores personales a través de comportamientos cotidianos. Tener un plan o una lista de deseos es solo la mitad del trabajo y claramente la parte más fácil.

Vivo en Orlando, donde 75.000 personas trabajan para Walt Disney World, y he aprendido que muchos de ellos saben quién soy. Un día en particular, recogí una orden de comida para llevar en un restaurante local y descubrí que estaba incompleto, un problema recurrente, pero estaba bastante irritado y con un poco de prisa. El personal se veía completamente abrumado y mal entrenado en el mejor de los casos. Sin embargo, por mi trabajo en la industria de servicios, sabía muy bien que nadie es inmune a los errores y que la mayor parte de lo que tenía que soportar era probablemente el resultado de un liderazgo deficiente o una falta de personal. Por lo tanto, amable y respetuosamente pedí los artículos que faltaban y un empleado mayor me ayudó, disculpándose profusamente. Cuando me reconoció, me dijo lo feliz que estaba al ver que los ejecutivos de Disney también estuvieran viviendo los valores de Disney de Respeto y Cortesía por fuera del lugar más Feliz de la Tierra.

Resultó ser que su hijo trabajó como líder principiante y mi equipo en el Reino de la Magia. Imagínate lo que hubiera pasado si hubiera sido un patán al reclamar el faltante de mi orden. La familia seguramente habría hablado de la hipocresía de los líderes de Disney que requerían ciertos estándares de su equipo, pero no de ellos mismos. Ese día, demostré que aplico lo que predico. Me mantuve fiel al compromiso que había hecho de ser respetuoso con las personas independientemente de su posición en la vida o las circunstancias de nuestro encuentro.

Tener una lista de valores es una cosa, pero el verdadero reto es dar vida a los valores personales a través de comportamientos cotidianos.

Hubo también algunos otros casos en los que no apliqué lo que prediqué. Un ejemplo particular ocurrió cuando estaba liderando las actividades de prueba en pistas en Epcot, donde a menudo abogaba por el trabajo en equipo, la iniciativa y el empoderamiento. Durante varios meses, los miembros del elenco habían estado lidiando con el hecho de que los cinturones de seguridad estaban creando confusión y retrasos durante el proceso de embarque de invitados. Ellos habían intentado, sin éxito, que se corrigiera el problema y estaban cada vez más frustrados. Entonces, ¿qué hice? Presté atención a sus comentarios y sugerencias, facilité sus intentos de corregir el problema, proporcioné los recursos necesarios y les di las gracias por ser proactivos. Por supuesto que no. Después de haber ignorado su súplica el tiempo suficiente, me puse mi capa de superhéroe y aparecí a corregir el problema por mí mismo aprovechando mis increíbles súper poderes como gerente, lo cual fue, en retrospectiva, bastante fácil y sin duda gratificante. ¡Tenía que ser el héroe! ¿No era esto lo que se suponía que debían hacer los líderes? ¿Dónde estaba mi promesa de empoderar y recompensar la iniciativa? Al final resultó que el equipo estaba decepcionado y frustrado, y dejaron que se supiera.

Liderar un equipo no significa que tengas que hacerlo todo. Al igual que un entrenador, los grandes líderes deben seleccionar diferentes talentos para cada posición, entrenar a los individuos, y establecer una estrategia, expectativas y metas. Posteriormente, se quitan del camino y dejan que el equipo ejecute el plan. Pero muy a menudo, nosotros, como líderes, sucumbimos a la vanidad (como hice aquel día) y sólo queremos mostrar lo que somos capaces de hacer para justificar por qué estamos en la posición de líder. En retrospectiva, esto habría sido, y debió haber sido, una oportunidad perfecta para mostrar al equipo que confiaba en su criterio para abordar problemas. Debí haberlos apoyado en sus esfuerzos y permitirles cosechar sus merecidas recompensas. Sin embargo, no mostré humildad y descuidé mi promesa de empoderar y apoyar a los miembros del equipo.

Así, piensa en tus acciones objetivamente. ¿Eres uno de esos s que hablan de dientes para afuera sobre el equilibrio, pero no duda en negar solicitudes de vacaciones o asigna plazos poco realistas? ¿Qué hay de los líderes que se jactan de la disponibilidad, pero rara vez se ven en operación?

¿Haces lo que dices que haces? ¿Demuestras comportamientos que se alineen con tus valores? ¿Aplicas lo que predicas? Si no lo haces, pierdes credibilidad. La mayoría de los funcionarios electos de hoy ilustran claramente este punto: son políticos impopulares porque sus acciones no se parecen en nada a las promesas que hicieron en campaña.

Cuidado con la brecha.

Las señales sociales y culturales tienen una gran influencia en nuestros comportamientos. Por ejemplo, muchos medios de comunicación tienden a glorificar ciertos principios materialistas que pueden afectar nuestra capacidad de estar a la altura de nuestros valores: auto gratificación, prosperidad y poder, por nombrar sólo unos pocos. Esto a menudo causa confusión y un dilema porque la tentación de cumplir con los estándares de los medios de comunicación es abrumadora. Como resultado, es posible que deseemos generar la percepción de un cierto estatus superior, correr en la rueda del éxito financiero y perseguir notables metas profesionales. Pero pregúntate: "¿Es esto lo que realmente necesito para estar pleno y ser feliz?" Si la respuesta es sí, excelente por ti. Sin embargo, podrás encontrarte con que actualmente estás trabajando hacia una meta que no te proporcionará la plenitud que deseas, sino una visión distorsionada de lo que la sociedad promueve. ¿Debemos comprometer o renunciar a nuestros valores para estar al corriente con las masas? ¿Estamos dispuestos a sacrificar lo que defendemos? ¿A veces tenemos que decidir entre nuestros valores y conveniencia? ¿Qué tal el éxito financiero y la integridad? No necesitas leer un periódico en profundidad hoy en día para encontrar historias de líderes empresariales o individuos que han arrojado su integridad al viento con el fin de lograr resultados financieros o algún tipo de reconocimiento inflado.

En la mayoría de los casos, las discrepancias son leves; simplemente nos alejamos de nuestras mejores intenciones y podemos corregirlo fácilmente con un poco de introspección y disciplina. Hay una brecha temporal entre quienes pensamos que somos y quiénes somos realmente. Es de humanos. No siempre somos fieles a nuestros valores; a veces es deliberado, pero la mayoría de las veces no es intencional. Me gusta sentirme orgulloso por tener coraje, pero a veces me cuesta expresarme. Me gusta pensar que soy una persona trabajadora, pero caigo preso de episodios de pereza y dilación, y ocasionalmente tomo el camino rápido. Espero ser un gran mentor, pero puedo ser impaciente con los aprendices. Esto simplemente justifica la evaluación regular de nuestros valores y comportamientos, que, de hecho, debería ser un ejercicio de por vida. Date una buena mirada objetiva en el espejo y   recuerda:

la gente te está observando y tus comportamientos hablan por sí mismos. Si no aplicas lo que predicas, entonces haz las paces y el corrige tu curso. En otros casos, los individuos pueden tener un conjunto de valores completamente diferente, momento en el cual la discrepancia no sólo es radical sino a menudo irreversible. Puede ser un caso de identidad errónea porque el individuo simplemente no tiene los valores que afirma tener, pero tarde o temprano, la verdad saldrá a la luz. En 2000, cuando yo era gerente de operaciones en Epcot, habíamos contratado un nuevo gerente de operaciones externamente. La persona en cuestión —lo llamaré David— había superado con éxito el proceso de selección. Él había dado el tipo de respuestas que nos llevaron a creer que no sólo estaba calificado para el trabajo, sino que también sería adecuado para nuestra organización. Mientras David pasaba por su proceso de capacitación, me pidieron que cubriera su área. Un día mientras caminaba por su área, uno de sus empleados directos se acercó a mí y compartió un incidente que involucraba a David. Al parecer, David ya había pasado algún tiempo en su área para presentarse a su equipo. Al hacerlo, se sintió obligado a señalar un cartel de El Rey León para "establecer las reglas del terreno". Le dijo a su equipo que, en lo que a él respecta, él estaba "en la cima de la cadena alimentaria", al igual que Simba en la cima de la Roca del Rey, mientras que ellos, por su parte, estaban en la parte inferior de la cadena y se convertirían en sus fieles trabajadores. El equipo estaba asombrado. Nadie en Disney pensaría que esto fuese apropiado.

Claramente, David no vio *El Rey León* o se perdió todas las valiosas lecciones de liderazgo que se transmiten a través de esta historia. Sobra decir que no duró mucho. David fue enviado rápidamente a encontrar su felicidad en otro lugar. Sin embargo, no pude evitar preguntarme cómo había pasado múltiples entrevistas sin suscitar preocupaciones. Sabía que normalmente examinábamos que los valores de los candidatos se alinearan con los nuestros para asegurar que encajan en nuestra cultura. ¿Podría ser que David dio respuestas correctas, no por un arduo plan para conseguir el trabajo, sino simplemente porque ignoraba su propio comportamiento y el impacto que tenía en la gente? Tal vez, sólo tal vez, David predicó, pero no aplicó, y nunca conectó los puntos.

En un entorno profesional, podemos condenar nuestra carrera por la distancia entre nuestros valores y nuestros comportamientos. Si bien los valores son el motor número uno de nuestro éxito, no investigamos completamente los valores de una organización antes de unirnos. Estamos demasiado distraídos por el paquete de compensación y otros beneficios llamativos.

Como resultado, podemos encontrarnos desenvolviéndonos en un mundo donde sentimos una necesidad constante entre lo que nuestros valores dictan y lo que exigen los requisitos profesionales, lo cual es una situación cómoda y una receta segura para el fracaso. En última instancia, nos quedamos con pocas opciones más que encontrar un mejor entorno donde podamos prosperar o, al igual que David, nos manden a empacar al poco tiempo.

Por cierto, encontrarte fuera de línea con los valores de tu organización no siempre significa que eres una mala persona, solo que no encajas, ya que simplemente es más fácil tener éxito en un entorno que coincida con tus valores.

Este ejercicio de autoconciencia vale la pena. Una vez que hemos cerrado la brecha entre valores y comportamientos, encontramos que hay un camino claro a seguir y la toma de decisiones se vuelve mucho más fácil, aportando consistencia a nuestras vidas, ya sea personal o profesional y así demostramos integridad porque no hay discrepancia entre lo que decimos y lo que hacemos. Como resultado, construimos mejores relaciones y fomentamos un entorno de confianza.

La Vía Rápida a los Resultados

Para la aptitud moral:
* Elige los valores que te representan.
* Para obtener una lista completa de valores, visita a DanCockerell.com/Valores.

Para definir más claramente tus valores, hazte las siguientes preguntas:
* ¿Por qué quiero ser conocido?
* ¿Qué quiero que la gente diga de mí?
* ¿Qué me hace el más feliz y pleno?
* ¿Quiénes son los modelos a seguir que me gustaríaemular?

Para evaluar si estás viviendo los valores seleccionados, identifica los comportamientos que apoyan estos valores.

¿Puedes decir objetivamente que son parte de tu rutina diaria? Cuando uno se une a una empresa, avanza en su carrera, establece una meta o sirve a una causa, es hora de otra introspección. Pregúntate:
* ¿Son mis valores conducentes al logro de este objetivo?
* ¿Mis valores están en consonancia con los valores de la organización?
* ¿Estaré dispuesto a comprometer mis valores para servir a esa causa?
* ¿Qué desafío me haría comprometer estos valores?

Capítulo 4

Habilidades de Organización, Priorización y Planificación

He perdido la cuenta del número de veces que mi padre ha dicho: Si no planeas la vida que quieres, vivirás la vida que tengas. Sus palabras siempre han estado a la vanguardia de mi pensamiento cuando me preparo para el futuro. Por ejemplo, siempre pensé que algún día querría aprovechar mi experiencia en Disney para compartir ideas de liderazgo y lecciones recogidas a lo largo del camino. Con esto en mente, durante 19 años, siempre acepté ofertas para ser orador invitado en el Instituto Disney. Este departamento proporciona a organizaciones externas capacitación sobre el enfoque de Disney con respecto al servicio de calidad, capacitación y liderazgo, entre otros temas.

Los participantes siempre están ansiosos por conocer a los ejecutivos de Disney y yo, por mi parte, siempre aproveché la oportunidad para perfeccionar mis habilidades de oratoria.

Cuando llegó el momento de comenzar mi nueva carrera como consultor y conferencista, esta experiencia me sirvió bastante y pasé sin problemas a mi nuevo cargo.

La planificación es esencial, especialmente teniendo en cuenta el ritmo al que operamos hoy, que exige que nos adaptemos rápidamente al cambio. Para vivir nuestras vidas de la mejor manera, no sólo debemos planificar el futuro y organizar nuestro tiempo de manera eficiente, sino también dedicar ese tiempo a las actividades adecuadas.

En primer lugar, todos debemos recordar que no tenemos una vida personal y una vida profesional: Tenemos una vida y debemos abordarla de manera holística. Si no estás de acuerdo conmigo, te remito a lo que escribí antes sobre la aptitud física. Si no programas tus entrenamientos, tareas y citas con el médico tan escrupulosamente como tus citas profesionales, llegarás a pagar el precio a largo plazo. Por ese motivo, es mejor tener un calendario en el que registres todas tus tareas. ¡Es más! Incluso incluyo el régimen de medicación de mi perro en mi calendario.

Muy a menudo me encuentro con líderes de alto rendimiento que tienen una estrategia, prioridades y planes para sus áreas de responsabilidad en el trabajo que emplean tarjetas de puntuación, análisis de recursos y registros regulares para medir su progreso; sin embargo, por alguna razón, estos mismos líderes no aplican los mismos principios organizativos a su vida personal. Esto es un paso atrás porque las habilidades organizativas simples y la gestión del tiempo pueden reducir drásticamente el estrés tanto en la oficina como en el hogar.

Planea para lo impredecible.

La mayoría de los líderes están, como mínimo, algo organizados (o simplemente tienen un asistente estupendo que los mantiene alejados de problemas), pero pocos se dan cuenta de que estar organizados no es sólo hacer todo lo que está en una lista de tareas pendientes, sino que se trata de que las tareas importantes y de largo plazo en esa lista se atiendan y así estar disponibles para atender todas las demás cosas urgentes e importantes que aparecen todos los días. Hay pocos lugares donde esto sea más necesario que en Disney. Nunca sabía cómo iba a ser mi día. Solía decirle a mi familia que les daba mil oportunidades para adivinar lo que había hecho ese día y que estaba 100% seguro de que no serían capaces de adivinarlo.

La conversación a menudo iba así:

"Hola, cariño, ¿cómo estuvo tu día?" "Pues...

- "Por alguna razón, un helicóptero aterrizó en el estacionamiento...
- "Alguien trajo monos vestidos de payasos en un cochecito al parque...
- "Encontramos una pistola en un barco pirata...
- "Un gran oso marrón estaba pasando el rato en las duchas del área de camping... y
- «Dos Dormilones aparecieron con los otros cinco enanos. Y
- todavía no hemos encontrado a Doc."

Tal es la vida de un líder de Disney, y aunque tu propio reino puede no presentar los mismos escenarios, a todos nos hacen remates al arco. ¿Qué hacer?

Una vez que me di cuenta de que no había manera posible de evitar lo impredecible, empecé a planear para ello. En pocas palabras, flexibilicé mi horario para abordar cualquier cosa que me llegara, ya sea aterrizajes de helicópteros o múltiples Dormilones.

Los grandes líderes son capaces de improvisar y reaccionar espontáneamente ante cualquier problema que surja. Es por eso que tener un plan y flexibilidad es tan importante, pues cuando estos problemas te aparten del camino, tener ese margen de maniobra te hará volver a tu plan.

Así que, en lugar de ser víctima de estos asuntos urgentes, planeé tiempo en mi día para reaccionar ante ellos y esperarlos.

Empecé a no programar demasiados compromisos e hice todo lo posible para evitar reuniones consecutivas, y además programé tiempo para almorzar. Estos descansos me dieron más tiempo para atender a solicitudes sin descuadrar todo mi día. ¡Puedes planear para lo inesperado!

Haz las cosas correctas en el momento adecuado.

La Matriz de Eisenhower es una gran herramienta que aporta claridad a mi proceso de gestión del tiempo.

Como comandante Supremo de las Fuerzas Aliadas durante la Segunda Guerra Mundial y el 34º presidente de los Estados Unidos, el general Eisenhower tuvo que tomar decisiones difíciles continuamente. Él dijo: Lo que es importante rara vez es urgente y lo que es urgente rara vez es importante. Con base en esto, creó la siguiente matriz para categorizar elementos pendientes de acuerdo con los parámetros más críticos de Importancia y Urgencia. Como muestra la matriz, debemos minimizar los ítems "**No Importantes/No Urgentes**" que aportan poco o ningún valor: redes sociales, descansos para tomar café, rutinas inútiles, reuniones improductivas y esfuerzos dobles, entre otros. Enfrentémoslo: todos tenemos algunas de estos ítems escondidos en los rincones y grietas de nuestras agendas. Puedes recuperar una mina de oro de tiempo valioso evaluando el impacto de actividades triviales. Es hora de una limpieza profunda para deshacerte del peso muerto. ¡Estos ítems se tienen que ir!

El recuadro **"No importante/urgente"** incluye cosas que necesitan respuesta o acción ¡pero no necesariamente de tu parte! Esa es tu casilla "para delegar". Las personas que te rodean *quieren* asumir más responsabilidades y son capaces de hacerlo, así que arriésgate y mira donde puedes delegar tareas que siempre creíste que debías gestionar. Te sorprenderás

La Matriz de Eisenhower

	Urgente	No Urgente
Importante	**Hacer** Hacer ahora	**Decisión** Programar el momento
No Importante	Delegar ¿Quien puede hacerlo por ti?	Borrar Eliminalo

de cuántas actividades que consumen mucho tiempo se pueden eliminar permitiendo que otros aprueben y decidan. Dejar ir es muy difícil, ya que nuestro ego a veces se interpone en el camino. También nos resistimos a dejar pasar una tarea en particular porque simplemente disfrutamos atenderla. La mayoría de las veces, nos aferramos a la autoridad por miedo a los errores o por sentirnos importantes, pero delegar demuestra que confías en tu equipo y que estás buscando desarrollarlos. Te sorprenderá ver lo motivados que están por dar un paso adelante. No es tan difícil si sigues estas tres reglas simples:

1. Establece expectativas claras y define que hay que lograr.
2. Asegúrate de que tienen las herramientas y los recursos adecuados.
3. Mantente pendiente de las cosas y vigila desde lejos. Involúcrate para corregir el curso y proporcionar orientación si es necesario.

¡La recompensa es inmediata! No solo crearás un entorno de confianza en tu organización, sino que también ganarás mucho tiempo valioso para ti. En consecuencia, podrás dedicar más tiempo a marcar la diferencia en otras áreas.

También es sabio recordar que, aunque puedes delegar tu *autoridad* a otros, nunca puedes delegar tu *responsabilidad*. Este es un mensaje para la vida que debes comunicar a tu equipo. Por lo tanto, delega de forma regular con precaución y cuidado.

Nos aferramos a la autoridad por miedo a los errores o por sentirnos importantes, pero delegar demuestra que confías en tu equipo y que estás buscando desarrollarlos.

El recuadro **"No Importante/Urgente"** también incluye factores que crean la ilusión de ser importantes pero que en realidad no lo son. Las interrupciones tecnológicas, las tareas administrativas repetitivas, las reuniones innecesarias y los problemas de otras personas pueden parecer importantes y pueden serlo para los demás, pero no siempre son importantes para el líder.

El recuadro **"Importante/Urgente"** se define como los ítems que deben abordarse inmediatamente y sólo pueden ser abordados por el líder. Esta es simplemente la naturaleza de muchos trabajos. Como he mencionado, no podemos predecir cuándo ocurrirán estas cosas, pero tenemos que planear porque sabemos que lo ocurrirán. Piensa en los bomberos de la estación de tu ciudad. Ellos no saben cuándo tendrán que responder al próximo incendio, pero saben que la campana sonará eventualmente y que necesitan estar listos para rodar cuando lo suceda. Solo prepárate permitiendo flexibilidad en tu horario para abordar problemas improvistos.

Los ítems **"Importantes/No Urgentes"** son también de los que solo *tú* te puedes encargar. La diferencia, sin embargo, es que estas cuestiones, a diferencia de las cuestiones urgentes, no tienen consecuencias inmediatas. Aquí es donde te puedes centrar en grandes decisiones, elaborar estrategias, prepararte para grandes proyectos, buscar mejoras en tu operación, considerar y planificar para el futuro y, en general, tener tus mejores ideas.

La Matriz de Eisenhower aboga por la programación de estos elementos para el momento apropiado. Ten en cuenta que esto solo funcionará si estás seguro de que tu tiempo "apropiado" no te lo robará alguna emergencia inesperada. Desafortunadamente, ese era el caso a menudo cuando trabajaba en Disney, así que adopté un enfoque ligeramente diferente basado en el viejo refrán: "La única manera de comerse un elefante es un bocado a la vez". Considero los ítems de mi categoría "Importante/ No Urgente" como mis elefantes (Mi veterinario favorito de clase mundial, el Dr. Mark Penning, puede objetar a la analogía, pero no se preocupen ¡no tengo ningún deseo de probar un elefante jamás!).

Mi pensamiento va así: Mientras "coma un bocado" de mis elefantes todos los días y pase una pequeña cantidad de tiempo pensando en ellos, investigándolos y progresando poco a poco, puedo tragarlos lentamente. En Disney, en ocasiones me encontré luchando por equilibrar mi tiempo entre entregar los resultados de hoy y planear para el futuro, lo que es, en realidad, uno de los mayores desafíos de ser líder. Necesitas disciplina para mover tu enfoque de entre los dos, ida y vuelta, así que cada vez que se presenta una oportunidad, trabajo para progresar con mis "elefantes". Los pequeños pasos pueden hacer una gran diferencia. Como James Clear escribe en *Hábitos atómicos*, si mejoras un 1% cada día durante un año, serás treinta y siete veces mejor al final del año.

Sé consciente de cómo se desarrollan las cosas.

Con una mejor organización y claridad de objetivos, puedo mover muchos ítems vitales a mi casilla "Importante/No Urgente". Ese es siempre el objetivo. Lamentablemente, los artículos "Importante/Urgente" nunca parecen desaparecer por completo. A veces me empujo a actividades importantes debido a mi propia falta de planificación o previsión. Otras veces, recibo solicitudes urgentes para atender inmediatamente. La mayoría de las veces, es simplemente la naturaleza de los negocios.

Como mencioné, a menudo vivía en esa caja en Disney. Cuando algún problema operativo provocaba que un crucero Disney retrasara su regreso a Puerto Cañaveral, la operación de Walt Disney World tuvo que atender 2.000 pasajeros atrapados en Orlando durante tres días sin reservas de habitación. Con mi suerte, se me encomendó la tarea de organizar una "recepción" improvisada en Epcot donde atender dichos invitados y dirigirlos a las habitaciones disponibles, ya sea en las inmediaciones de Disney o cerca. ¡Dos mil personas son un montón de habitaciones y una montaña de maletines y maletas para acarrear! Pero mi equipo y yo nos encargamos rápidamente de la situación. Todo el mundo se dio un paso al frente y pudimos completar la tarea en cuestión.

Este es el tipo de escenario que puede descarrilarte el día o incluso la semana. El estrés de trabajar en estos eventos impredecibles afecta a cualquiera, de ahí la necesidad de operar bajo estas tres condiciones:

1. Estar física y mentalmente en forma para que no te desmorones bajo presión. Si programas y sigues fielmente tu plan de preparación, este te preparará para hacer frente a situaciones particularmente estresantes.

2. Por eso el tener una herramienta de planificación como la Matriz de Eisenhower que te ayude a aportar claridad al ordenar tu lista de tareas pendientes en tiempos difíciles.

3. Estar rodeado de un equipo en el que puedas confiar, sabiendo exactamente lo que pueden manejar por ti. Si has probado las aguas empoderando a los miembros de tu equipo de forma regular, conocerás su capacidad. Sabrás en quién puedes confiar para hacerse cargo de algunas de las decisiones en tiempos de crisis. No esperes una crisis para empezar a delegar.

En cualquier día, me remitía a mi propia matriz y me dirigiría la casilla de "Importante/Urgente" a primera hora de la mañana. ¿Le dije a alguien que le llamaría hoy? ¿Había un correo electrónico o respuesta que requería atención inmediata? ¿Acaba de surgir algo que necesita una decisión rápida?

En el Reino Mágico, puedes apostar que las respuestas a estas preguntas eran sí, sí, y sí. Así que me levantaba temprano para evacuar tantos ítems importantes y urgentes como fuera posible, para luego sumergirme en las tareas importantes, no urgentes, es decir, mis "elefantes".

Si el plan funcionaba bien, los temas urgentes que surgieran durante el día, podía delegarlos o utilizar parte de mi tiempo para atenderlos. Estos espacios de tiempo disponible no siempre permanecían libres por mucho. Sin embargo, cuando lo estaban, caminaba por el parque o almorzaba en la cafetería con miembros del reparto de primera línea, lo que me permitía mantener un dedo en el pulso de mi operación. Descubrí y escuché una gran cantidad de información valiosa de esta manera, lo cual resultaba en anticipar problemas o aprender de nuevas sugerencias e ideas.

Haz que cuente.

Me gustaría compartir una última idea sobre el tema de la organización. Hoy en día, estamos bombardeados con todo tipo de información, opciones y demandas que tenemos que atender, lo que nos tira en un millón de direcciones a la vez. Esto resulta en lo que yo llamo el efecto "ardilla". Si alguna vez has visto una ardilla lanzándose delante de un carro, habrás notado cómo parece cambiar de rumbo varias veces antes de elegir una dirección. Ese un caso de lo que mucha gente ahora llama FOMO (miedo a perderse de algo por sus siglas en inglés) o FOBO (miedo a una mejor opción por sus siglas en inglés). Todos hemos estado en esa situación, sin saber qué camino tomar y cambiando nuestra manera de pensar una y otra vez, o distraídos de lo que estamos tratando de lograr. Esto causa muchos problemas a la hora de adquirir un compromiso en nuestra vida profesional y personal, y más generalmente en la forma en que usamos nuestro tiempo.

La solución es simple (de nuevo, no confundir simple con fácil): tómate tu tiempo para tomar decisiones bien pensadas y luego comprométete a seguir el curso hasta el final, sin permitir que las distracciones te alejen del objetivo. Si estás empezando una nueva iniciativa, apóyala al 100%. Si estás pasando tiempo con alguien, apaga el teléfono y haz que sea tiempo de calidad. Alguna vez caminé por el Reino Mágico con Bob Iger, CEO de Walt Disney Company, y mientras caminábamos por el parque, siempre estuvo hombro a hombro conmigo escuchando atentamente mientras hablaba. También me impresionó ver la atención tan cercana que prestaba a los miembros del elenco que se cruzaban por nuestro camino. Estoy seguro de que había un millón de cosas más que podrían haberlo distraído en ese momento, pero se aseguró de tener una interacción de calidad con todos. Fue un ejemplo impresionante para emular.

Del mismo modo, si pasas tiempo con alguien, ya sean colegas, tus hijos o cónyuge, haz que cuente. El tiempo es un bien valioso. No recuperarás el que has desperdiciado, así que mantente concentrado, mantén el curso y no seas una ardilla.

La Vía Rápida a los Resultados

Para la aptitud organizacional:

- Adopta un enfoque holístico de la organización. Combina tus agendas profesionales y personales y tu lista de objetivos.
- Prepárate para lo inesperado. Permítete espacios para atender asuntos urgentes.
- Cree su propia Matriz Eisenhower utilizando el gráfico anterior de este capítulo. Ahora, ¿qué debes hacer, decidir, delegar o eliminar?
- No esperes a que se produzca una crisis para empezar a delegar, conviértela en un hábito y conoce las capacidades de tu equipo.
- Aborda a tus tareas "Importantes/No Urgentes" "un bocado a la vez".
- No te distraigas. Cuando se trata de invertir tiempo, favorece la calidad sobre la cantidad.

Parte 2:

Liderar Equipos

Como muchos (norte) americanos adolescentes, yo crecí amando el fútbol. Lo jugué durante la mayor parte de mi juventud y fui estrella en mi equipo de bachillerato como el jugador que logró los más altos puntajes como corredor avanza bolas de futbol americano en el bachillerato. Me imaginaba jugando en la universidad, y con gran entusiasmo me volví un jugador sin beca por atletismo, para el equipo de la Universidad de Boston, en el primer año universitario. Esto se convirtió en mi más dolorosa lección de humildad: rápidamente me di cuenta de que no era tan rápido ni tan fuerte ni tan bueno para jugar a nivel universitario. Aún más importante, yo sabía que me tomaría un tiempo llegar a ese nivel, si es que lo lograba.

A través de una serie de encuentros afortunados, en vez de quedarme en el equipo de fútbol americano, me uní al equipo de rugby, y desarrollé una pasión por ese deporte. En caso de que no estén familiarizados con el rugby, yo lo explicaré: es muy similar al fútbol americano sin almohadillas protectoras. El equipo de protección consiste en protectores de la boca y orejas cubiertas con cintas. Es más bien un juego tosco y frecuentemente se le refiere "como un deporte de Hooligans jugado por caballeros". Encuentro que esto es fidedigno, ya que coincide con la descripción, que aunque es feroz, intenso y algunas veces violento, normalmente terminan los dos equipos compartiendo rondas de cerveza durante la notoria "tercera mitad" del rugby

Aparte de la camaradería y el atletismo, varios aspectos del rugby me atrajeron. Más adelante reconocí éstos como esenciales, no solo para el deporte sino también para el éxito organizacional. Primero que todo, los jugadores de rugby tienen toda clase de forma y tamaño. Los fornidos y fuertes (los delanteros) defienden, atajan y harán cualquier contacto que sea necesario para ganar o retener la bola - generalmente golpeándose las cabezas los unos contra los otros durante la mayor parte del juego. Verdaderos salvajes. Los más rápidos y delgados jugadores de atrás usan su velocidad para romper a través de las líneas defensivas, manteniéndose fuera de la contienda ..... la mayoría del tiempo. La diversidad de talentos es necesaria para el equipo, muy parecido a cualquier equipo de negocios. Requiere una variedad de fortalezas para ser exitoso, y un gran líder tiene que tener la habilidad para identificar y reconocer el talento de cada uno.

Segundo, considero al rugby como el deporte en equipo por excelencia: las dinámicas de este juego son tales, que cualquiera puede mover la bola hacia adelante, y todos en el equipo pueden meter goles sin importar el rol o posición de cada uno. Sin embargo, ningún individuo puede hacerlo por sí mismo. Para hacer las cosas un poquito más retadoras, un jugador solamente puede hacer un solo pase *de vuelta* a sus compañeros de equipo, lo que significa que tú debes estar siempre presente en el rol de dar soporte, y tener la confianza de que tu equipo también "lo estará apoyando," y que estará ahí para cuando tú lo necesites. Encontré que esto era un prerrequisito para cualquier rol de liderazgo, a través de mi carrera profesional. Algunas veces tu llevas la bola hacia adelante, y otras veces es otro miembro del equipo el que lo hace --y tu debes estar ahí para ayudar.

Por último, pero no menos importante, tuve suerte de ser el capitán de varios equipos en la Universidad de Boston. Me di cuenta que yo no era el más fuerte, ni el más rápido, ni el mejor jugador en el equipo, pero podía reunir al equipo y asegurarme que desempeñáramos lo mejor posible. Bastante como un líder de negocios, tuve que establecer un ejemplo para todos a seguir, así que fui diligente con mi estado físico y entrenamiento. Luego tuve que asegurarme que cada uno estuviera tan listo como fuera posible en el día del partido. Esto tomó un poquito de creatividad sagaz, pero mi estrategia estaba bien diseñada: los jugadores de rugby son notorios en sus participaciones en eventos sociales. Por ende, yo organizaba una fiesta los jueves en la noche y me aseguraba que el equipo tuviera un momento fabuloso. Como resultado los jugadores estaban muy exhaustos para salir el viernes, que era la noche antes de nuestros partidos. Era una manera segura de garantizar que estuvieran descansados y listos para los partidos del sábado. ("Como dice el dicho, el fin justifica los medios."). También tenía que prestarles atención a todos los diferentes jugadores del equipo: los nuevos que estaban tratando de decidir si continuaban o no; los alocados a quienes necesitaba volver a atraer; los callados que algunas veces necesitaban una palabra de ánimo; y los veteranos con quienes yo podía contar que me apoyaran.

Muchas de las habilidades que adquirí jugando rugby vinieron a ser de valor cuando me volví un líder en Disney. Aprendí a apreciar el valor de los diferentes talentos, la colaboración dentro del equipo, la confianza, el ser un ejemplo, y la importancia de las relaciones.

Capítulo 5

Selección y Retención de Nuevo Talento

C uando me convertí en el director de operaciones de All Star Resort de Disney, pasé alrededor de 8 semanas en entrenamiento de inmersión. Mi única experiencia con hoteles hasta ese momento había sido el trabajar como recepcionista en la recepción del Contemporary Resort durante mi programa universitario. Ahora yo era responsable de la Recepción y de las Operaciones de Limpieza de un hotel con 1920 habitaciones. Cómo había hecho en todo otro cargo y como es la costumbre en Disney, recibí el disfraz apropiado (manteniendo el supuesto que los miembros del equipo de Disney están realmente como actores en un show, nos referimos a sus uniformes como disfraces), y empecé a recibir entrenamiento en cada cargo del hotel.

Aprendí como registrar a los huéspedes; como reservar habitaciones de acuerdo a las preferencias de los huéspedes y a la duración de sus estancias; ya cómo hacer las reservaciones para la cena. También aprendí cómo manejar de primera mano los diversos requerimientos y quejas de los huéspedes.

Entonces vino la lección de humildad e increíblemente educativas dos semanas de mi entrenamiento:

¡Operaciones de Limpieza! En el All-Star, a cada encargado de limpieza se le asigna 18 habitaciones por día para limpiar. Algunas habitaciones son de huéspedes que todavía seguirían en el hotel y otras habitaciones son de huéspedes que habían hecho el "check out". En promedio a un operador de limpieza de Disney se le asignan 17 minutos para limpiar una habitación de alguien que aún se estaba quedando y 28 minutos si él huésped ya había hecho el "check out". Al finalizar el entrenamiento de dos semanas, alcance a limpiar solamente 14 habitaciones en un turno, sin descansos ni almuerzos. Después de esta experiencia, siempre dejo una propina muy generosa a cada operador de limpieza en cualquier hotel en el cual yo me quede. Habiendo experimentado esto, ¡puedo tener empatía en cuan duro trabajan!

¿Qué tiene eso que ver con la selección y la retención del talento? Bueno, déjame decirte sobre Blanca, mi entrenadora de limpieza. Blanca hizo lo mejor que pudo para mostrarme los secretos de limpiar rápidamente las habitaciones y mantener al mismo tiempo los estándares de limpieza de Disney. No importaba qué tan rápido yo trataba de limpiar, terminaba yendo varias veces a mi carrito de suministros, tenía que caminar múltiples veces alrededor de la cama para hacerla, y me faltaron muchos detalles que Blanca resaltó.

Un día al finalizar el entrenamiento, Blanca me dijo que iba a hacer una inspección en detalle de una de mis habitaciones y que me iba a mostrar el nivel de detalle esperado. Yo limpié y quité el polvo y revisé todo dos veces antes que ella viniera a la habitación con sus guantes blancos.

Se abrió camino a través de la habitación, revisando mis supuestas esquinas bien dobladas en las camas y buscando polvo en todas las repisas de la habitación. Eventualmente ella entró al baño y me pidió que entrara. "Dan, ¿tú limpiaste la tina?" preguntó. Yo le dije que la tina estaba limpia, entonces ¿porque estaba preguntando? Ella seguía insistiendo y me preguntó nuevamente -- de la manera como la mamá le pregunta a su hijo si se cepilló los dientes. "¿Dan, limpió la tina?" En este momento ya me había descubierto, y yo sentí como si mi mamá me estuviera interrogando. Finalmente, tímidamente yo tuve que admitir que no la había lavado porque se veía limpia, y quería concentrarme en el resto de la habitación.

Yo tenía dos preguntas para Blanca. La primera era la que cualquier niño pregunta cuándo lo pillan. "¿Cómo sabía que yo no había limpiado la tina?" Ella me dijo, primero que todo la tina estaba seca: "Por lo menos salpique un poquito de agua en la tina si quiere que se vea como que ha sido limpiada!" Aparentemente no ha sido el crimen perfecto. Mi segunda pregunta fue, "Blanca, si la tina está limpia, ¿entonces por qué necesito limpiarla?" Ella tomó un paso hacia atrás y me explicó. "Dan, la única manera de mantener a la tina limpia es limpiándola mientras ésta se vea limpia. ¡Tan pronto el moho empieza a aparecer, ya es muy tarde! ¡Estas habitaciones tienen que estar impecables y yo quiero lo mejor para mis huéspedes!" Ella era una perfeccionista con orgullo, y se hacía completamente responsable de sus habitaciones y de sus huéspedes. Entonces, ahí lo tienen, mi primer vistazo al talento en acción: ¡su actitud!

Yo le pregunté a Blanca dónde había aprendido ese enfoque hacia la limpieza, y ella con orgullo me compartió que su madre le había enseñado. Yo me topé con muchos operadores de limpieza que tenían sus propios secretos para el éxito en mantener limpias sus habitaciones, y quiero decir sus habitaciones. Yo quedaba sorprendido con el sentido de propiedad y orgullo, y sus actitudes en cuanto a su oficio. En ese momento yo no sabía que algunos de nuestros huéspedes que retornaban frecuentemente solicitaban una habitación en particular o sección del hotel por el cuidado y la atención que habían recibido de un operador de limpieza en particular durante visitas previas. Conocían a los miembros del equipo por nombre y buscaban estar a sus cuidados. El sentimiento era mutuo. ¡Uno pensaría que los operadores de limpieza estaban atendiendo a miembros de sus familias!

Tú puedes impartir las habilidades correctas, no la actitud correcta.

Déjame contarte una historia más sobre el talento super- estrella. Deb llegó a mi equipo en el "Reino de la Magia" en el momento en que estábamos haciendo la transición a una nueva estructura organizacional. A ella le fue dicho que necesitaba recibir algo de experiencia operacional con el fin de seguir al próximo nivel en Disney. Habían pasado años desde que Deb había estado liderando equipos en las operaciones diarias. Ella tenía mucho que aprender sobre los detalles del manejo de "Space Mountain", "Buzz Lightyear's Space Ranger Spin", y "Cosmic Ray's", uno de los restaurantes con mayores ingresos en el mundo. Yo no estaba preocupado por su falta temporal de conocimiento y habilidades, ya que teníamos un equipo fuerte en el "Reino de la Magia", y yo sabía que si ella se tomaba el tiempo para aprender y hacía inmersión, ella aprendería las habilidades técnicas que necesitaba para liderar el grupo, lo cual hizo rápidamente. Ella era una gran triunfadora e inspiró a su equipo a buscar mejora continua.

La forma de pensar de Deb, su actitud positiva y energía eran los que realmente la hacían exitosa. Ella logró rápidamente construir una gran cultura en su departamento. Su equipo se mantuvo positivo en las buenas y en las malas y de manera proactiva manejaron cualquier reto. Un constante sonido bajo parecía salir de su oficina o sala de conferencias. Una de mis actividades favoritas era irrumpir en una de sus reuniones de staff, simular ira y gritar: "¿Qué está pasando aquí?

¡Estamos tratando de trabajar en el salón de al lado!" Deb solía decir con una sonrisa: "Bienvenido a la reunión, jefe, me alegra que pudiera reunirse con nosotros. ¡Muchachos díganle a Dan sobre su nueva idea!"

Su enfoque positivo y juguetón para trabajar era viral. Ella traía energía todos los días para compartir con quién quisiera algo de esa energía. Muy parecido a Blanca en Operaciones de limpieza en el hotel, Deb tenía un empuje para ser grande en lo que hacía, se enorgullecía de su trabajo, y en su caso, involucraba en el trabajo a sus subordinados directos y a cualquiera que estuviera cerca.

Entonces, ¿cómo podemos encontrar a las Blancas y a las Debs del mundo? ¿Cómo podemos identificar el talento apropiado para nuestros equipos y luego aprovechar al máximo dicho talento? ¿Cómo nos aseguramos que los talentos que juntamos son los apropiados para el equipo y se complementan el uno al otro? ¿Cómo podemos ver más allá de nuestras ideas preconcebidas y ampliar el alcance de talento para nuestra organización?

Identifica las habilidades apropiadas («¿Tú puedes hacer el trabajo?»).

Empecemos con la palabra talento. Lo que usualmente viene a la mente es habilidad. Pienso en los profesionales de negocios que están desempeñándose en los niveles más altos. Como los atletas, músicos, o artistas, ellos pueden identificar un talento para usarlo de manera productiva, y convierten dicho talento en una habilidad por medio del desarrollo de dicho talento. Hay maneras limitadas para hacer esto, y toma tiempo y concentración.

Malcolm Gladwell popularizó la teoría que dice que 10.000 horas es el número mágico necesario para hacerse grande en una actividad escogida. Muchos otros han señalado defectos en esta teoría. Sin importar la situación, uno tiene que estar listo para invertir mucho tiempo de práctica y tener el talento como parte de uno. Ahora, yo no estoy diciendo que no podamos volvernos buenos en un emprendimiento, pero la verdad es que sólo podemos ser grandes en uno, tal vez en dos áreas. Yo, por mi lado no puedo cantar. No importa cuánto tiempo y práctica yo invierta, yo todavía no seré capaz de tocar una nota. Simplemente no tengo el talento para convertirme en un gran cantante. ¡Así es la vida!

Yo solía pensar que yo podía motivar, entrenar y animar a cualquiera a ser grande en lo que fuera. Entonces, Valerie y yo tuvimos tres niños, y tiramos por la ventana dicha idea. Yo me convencí, que nuestros talentos están incrustados dentro de nosotros. ¿Cómo podían tres niños que crecieron en la misma casa, levantados por los mismos padres, y que fueron al mismo colegio, ser tan diferentes? Cualquier padre que tenga más de un niño entiende esto muy bien.

Valerie y yo concluimos de manera temprana, que no íbamos a cambiar a nuestros niños para amoldarlos a lo que queríamos. Era claro que necesitábamos ayudarlos a identificar sus talentos, y luego animarlos y darles soporte para desarrollar esos talentos en habilidades.

Hay obviamente una diferencia entre tener niños y contratar empleados para nuestras organizaciones – a saber, ¡tú no contratas ni puedes despedir a tus niños! (Aunque ciertamente investigamos esa opción en ciertos momentos de los años adolescentes de nuestros hijos.) Pero los mismos principios se trasladan al mundo corporativo: las personas ya tienen ciertos talentos dentro de sí. Es el rol de un líder el identificar estos talentos y dar a los miembros del equipo una oportunidad para volverlos habilidades. Le tomó a Blanca mucha práctica para perfeccionar su rutina de limpiar de la manera más eficiente esas habitaciones. En la actualidad, ella sabe cómo organizar los suministros en su carrito, hacer una cama sin ir de aquí para allá, y hacer limpieza proactiva. Únicamente a través de la práctica y la experiencia ella adquirió estas habilidades. Podríamos aprender con facilidad algunas de éstas de otros, pero toma tiempo lograr la perfección y hacerla parte de la naturaleza de uno.

¿Y qué sobre las habilidades a nivel de Liderazgo? Como lo mencioné antes, yo recomiendo altamente el uso del software "StrengthsFinder 2.0", como una guía para identificar sus talentos—específicamente las habilidades sociales requeridas de alguien en una posición de Liderazgo.

Para reiterar, éstas están divididas en cuatro categorías: las habilidades de ejecución, las habilidades de relaciones, las habilidades para influenciar y las de pensamiento estratégico. Considere qué talento necesitas traer a tu equipo y cuáles talentos son requeridos para tu misión. Puede que no acierte todo el tiempo, ya que dichas habilidades pueden ser subjetivas, pero esta metodología removerá algunas de las dificultades en tu proceso de selección. Escuche las historias que las personas comparten sobre su experiencia previa. ¿Cómo trabajan ellos con un equipo? ¿Cómo se comunican? ¿Cómo proveen retroalimentación y reconocimiento? ¿Cómo manejan los retos y las fechas límites? Si no hay detalles comunicados, lo más probable es que no excedan en estas habilidades o simplemente no tienen experiencia en estas áreas.

En cuanto a las habilidades técnicas, soy un firme creyente, que mucho como Debo yo hicimos durante nuestro proceso de inicio, todo líder debe pasar tanto tiempo como sea razonablemente posible trabajando en su operación y aprendiendo bien lo básico. No hay otra manera si tú deseas el éxito y la credibilidad a largo plazo.

Identifica la pasión («¿Quieres hacer el trabajo?»).

Uno de las diez-y-nueve cargos que yo tuve en la Compañía Disney involucró una temporada en Relaciones Humanas. Yo considero que soy una persona sociable y de buena gana intervine, buscando adquirir nuevas habilidades. De manera rápida descubrí que trabajando en Relaciones Humanas realmente me alejó de lo que más me gustaba: el interactuar con la gente. Hubo un punto en el cual yo fui asignado a un proyecto para mejorar las interacciones entre los huéspedes y el staff (actores en Disney). Yo podía ciertamente recordar mi experiencia como operador para sacar el proyecto adelante, pero era más bien un colaborador individual en esa posición particular. Yo sí aprendí bastante, pero descubrí que tenía poco gusto por este rol de dar soporte. Mi corazón estaba en Operaciones, donde podía estar en medio de la lucha. Claramente, mi pasión estaba faltando, y es probable que se reflejaba en el desempeño. Afortunadamente, esto fue por un tiempo corto, y yo tuve alivio cuando fui reasignado al parque.

La pasión puede ser otro elemento subjetivo para medir, pero de cierto modo hace una muy grande diferencia en el desempeño. Ambas Deb y Blanca aman lo que hacen. Se ve a través de su energía, orgullo, deseo de mejorar, y compromiso con sus roles. Sus niveles de profesionalismo y orgullo no son transferibles y ni se pueden enseñar. Así que, cuando tú entrevistes a un candidato, ¿escucha tu emoción, orgullo y entusiasmo? Estos todos son indicadores de desempeño futuro. ¿Está este candidato particular interesado solamente en el paquete de compensaciones, o está él/ella verdaderamente deseando el trabajo? tú puedes apostar que, si lo anterior es verdad, el compromiso con el trabajo va rápidamente a esfumarse, como me pasó a mí en Relaciones Humanas. En cambio, si lo último es verdad, tú vas a estar contratando a alguien con deseo de venir a trabajar todos los días y de explotar una reserva de energía, creatividad, estamina y compromiso, que únicamente la pasión puede desencadenar.

Identifica la Actitud («¿Tú sobresaldrás en el trabajo?»).

En lo que a mí concierne, ésta es la condición más importante para un gran desempeño: ¡la actitud! ¿Dirá este candidato sí a los cambios? ¿Estará este candidato con deseos de salir de su zona de confort? ¿Estará este candidato dispuesto a aprender? ¿Superará las barreras y obstáculos este candidato? ¿Se negará a tomar un "no" como respuesta este candidato? Como dije en un capítulo anterior sobre la mentalidad, el tener la habilidad para pensar positivamente de cara a la incertidumbre y encontrar los recursos para superar obstáculos es esencial para el éxito sin importar el cargo que tú tengas, sea de primera línea o de liderazgo. La actitud correcta es lo que marca la diferencia. Muchas historias de éxito se fundamentaron en una gran actitud, y muchas carreras fueron al fracaso debido a una actitud pobre. En palabras de Jack Sparrow en Piratas del Caribe: "El problema no es el problema; el problema es tu actitud sobre el problema."

Identificar una gran actitud puede sonar como un reto si tú no sabes qué preguntas vas a hacer. Carol Quinn, el autor de Motivación Basada en Entrevistas ha creado una técnica muy simple pero efectiva de preguntas específicas (lea más en su libro). Encuentro que es una gran herramienta, aún si tú no eres un especialista de Recursos Humanos. No solamente es una manera directa de adquirir mejores habilidades para entrevistar, sino que también es una gran herramienta para identificar habilidad, pasión, y actitud en cada interacción.

Construye un equipo diverso e incluyente.

Durante mi mandato como vicepresidente de Reino de la Magia, empecé a invitar a Matt, uno de los ingenieros industriales júnior, a mi reunión de staff semanal.

Para el contexto, la Minería Industrial ha jugado un papel fundamental en Walt Disney World, desde su apertura en 1971. Como "Analistas de Investigación de Operaciones," ellos son personas que resuelven problemas de alto nivel, que usan técnicas avanzadas tales como la gran minería de datos, la optimización, análisis estadístico y modelación matemática para obtener soluciones que ayuden a las compañías y a las organizaciones a operar más eficientemente y ser más costo efectivas.

Bruce Laval, o como amigablemente nos referimos a él, "el padre de la Ingeniería Industrial" trajo este enfoque a los parques temáticos de Disney y para siempre cambió la manera que planeábamos y operábamos estos lugares mágicos.

La contribución de la Ingeniería Industrial es invaluable. De hecho, nunca haría una decisión importante sin que nuestros ingenieros industriales dieran su concepto.

De vuelta a Matt.

Algunos de mis subordinados a nivel de gerencia general cuestionaban el valor de su presencia por su juventud y su baja antigüedad. Mi punto de vista era simple: él es joven, neutral, tiene una serie de habilidades que ninguno de nosotros tiene, mira a la operación del parque de una manera diferente, y hace preguntas que de otra manera nosotros no hubiéramos considerado. ¿Qué es lo que no gusta? Yo no podía ver ningún inconveniente a su presencia, y tuve razón en muchas ocasiones. Matt sugirió varios cambios positivos basado en su estudio de los datos del parque, análisis, y sus experiencias personales trabajando en y observando la operación del parque. Él era humilde, inteligente y no tenía temor de dar su opinión. Lo mejor de todo, tenía una actitud ganadora hacia todo lo que él hacía.

Los méritos de traer la diversidad a un equipo están bien establecidos, ya sea una diversidad de talentos, género, generación, perspectivas, opiniones, o antecedentes. Es algo sencillo en lo que a mí respecta, y uno sería necio al negar las ventajas de una mezcla de profesionales diversos. Sin embargo, está también bien documentado, que generalmente gravitamos hacia las personas que se ven, piensan y se comportan como nosotros, aunque sea sólo para estar dentro de nuestra zona de confort. Mire alrededor de ti: ¿Se parecen todas las personas que te rodean? ¿Qué tal el género? ¿Edad? ¿Raza? ¿Tienen todos ellos los mismos antecedentes o carreras profesionales?

¿Operan todos as ellos en el mismo nivel? ¿Hacen todas las mismas preguntas? Es probable que la respuesta sea frecuentemente sí. ¿Por qué? Porque no tenemos como propósito la diversidad, nos quedamos únicamente dentro de los límites seguros de lo que conocemos y con lo que nos sentimos confortables.

Esto era un problema con el cual luchábamos en Disney. Entendíamos intelectualmente el valor de la diversidad. Encontrábamos candidatos externos y les decíamos que queríamos su perspectiva fresca y enfoque nuevo, y queríamos que ellos retaran nuestra forma de pensar. Sin embargo, una vez que ellos empezaban a trabajar, les tomábamos a través del proceso de bienvenida abordo y les explicábamos cómo funcionaban las cosas ---y cuando ellos ofrecían nuevas ideas y opiniones, rápidamente tratábamos de justificar el por qué eso no funcionaría en Disney.

Queríamos nuevas ideas, pero simultáneamente hacíamos que los recién llegados cedieran y empezarán a pensar de la manera "Disney".

El construir un equipo que tenga diversidad es únicamente el punto de inicio. Muchas compañías contratan a un miembro que trae diversidad "simbólica" a los equipos, únicamente para tratar de amoldar a esa misma persona a sus formas de pensar o aún peor, aplastar su intento de traer un enfoque diferente. La diversidad sirve un propósito únicamente si está acompañada de inclusión. Un gran líder tiene que estar dispuesto a escuchar y dar a otros su opinión. Más importantemente, un líder debe escuchar las ideas y perspectivas diferentes y mantenerse abierto a ser retado. La diversidad es el estar invitado a la fiesta, la inclusión es cuando se le pide que baile.

Otro punto que quisiera decir sobre la diversidad: yo me considero una persona de mente abierta y le doy la bienvenida a las personas de diferentes edades, géneros, razas, antecedentes, orientaciones sexuales, religiones y opiniones con interés y curiosidad. Sin embargo, no importa que tan conscientes y que tanto demos la bienvenida, todos hacemos suposiciones que pueden ser reveladas de maneras sutiles. Por ejemplo, una vez, una subordinada directa femenina que era nueva en mi equipo y había sido transferida de un cargo de apoyo, había retornado de licencia de maternidad. Yo sabía que su transición por su puesto de trabajo y como nueva mamá sería un reto. Así que hice énfasis en decirle que yo sería de apoyo y me aseguraría que ella recibiera el equilibrio necesario en su vida para cuidar de su nuevo bebé.

Antes de yo seguir hablando, ella me cortó, "Mi esposo y yo hemos hablado del asunto, y yo espero que me sigan manteniendo responsable por mi trabajo, como a todo el resto de la gente, sin importar el estatus de nueva mamá." Me sorprendió su respuesta y pensé que su tono era seco y firme. Cuando llegué a la casa le relaté a mi esposa la interacción, quien inmediatamente preguntó, "¿habrías hecho el mismo comentario a un nuevo papá?" Ella sacó a relucir lo obvio. A pesar de que yo estaba tratando de ser una ayuda y dar soporte, mi comentario no me hubiera pasado por la mente si hubiera estado tratando con un miembro masculino del equipo. Donde mi intención era la de demostrar empatía, yo me di cuenta que estaba haciendo suposiciones que estaban equivocadas y sesgadas. Claramente esta pareja estaba compartiendo la carga de las responsabilidades como padres y estaban bien preparados para su nueva vida como una familia. El yo asumir que se afectaría el desempeño de un miembro femenino del equipo fue presuntuoso como mínimo.

Crea planes para retener el talento nuevo.

Más de 7.1 millones de trabajos están vacantes en los Estados Unidos el día de hoy. Estamos todos compitiendo para obtener el mejor talento, y como es un mercado de trabajadores, la gente puede escoger. Adicionalmente, el mercadeo de puestos disponibles, entrevistas y entrenamiento tiene un costo para la compañía, como también lo tiene la productividad baja por estar cortos de staff. ¿No es más fácil conseguir gente buena y hacerlos que se queden? Esa es una de las superpotencias de una cultura fuerte.

La mayoría de los trabajadores que dejan sus organizaciones las dejan en los primeros 90 días. Cuando somos nuevos, es fácil irse. No hemos construido relaciones con colegas y estamos bajo mucho estrés aprendiendo el trabajo ---descubriendo cómo manejar las reglas de la compañía, el viaje de ida y venida entre casa y oficina, etc. En este momento es cuando los trabajadores son más vulnerables y probablemente se vayan. Es el momento más importante para que la compañía provea soporte extra, cuide y dirija. Asegúrese que estos nuevos trabajadores se sientan confortables y de asegurarles que hicieron la escogencia correcta al unirse a la compañía. Nunca obtenemos una segunda oportunidad para hacer una primera impresión.

A través de los años, he encontrado que una herramienta efectiva es el plan de retenciones 30/60/90 días. Por cada nuevo empleado contratado, se asigna un gerente que supervise al nuevo empleado, les haga una visita semanalmente, y le haga una visita al final de su primera semana, primeros 30 días, primeros 60 días y los primeros 90 días.

Proporcione un empleado "compañero" para responder las preguntas del nuevo empleado, muéstrele cómo hacer las actividades, de soporte moral (hasta puedes establecer una motivación para los tutores, y darles un premio si el nuevo empleado se queda más de 90 días).

Adicionalmente, cree un cuestionario para usar de manera consistente para cada nuevo empleado, enfocado en los temas apropiados, respectivamente, para la semana uno, y luego para 30 días, 60 días o 90 días. Después de la semana uno, tú puedes querer enfocarte en aprender sobre ellos, sus antecedentes, su experiencia y la motivación para unirse a la organización. Esto también es una gran oportunidad para el líder para decirle al nuevo empleado sobre su propio antecedente y dar cualquier consejo que pueda ayudar en el nuevo trabajo. ¡Es el inicio de la formación de una relación, y por eso, esto hará más difícil que dejen el nuevo trabajo!

Después de la semana uno, tú puedes querer enfocarte en aprender sobre ellos, sus antecedentes, su experiencia y la motivación para unirse a la organización. Esto también es una gran oportunidad para el líder para decirle al nuevo empleado sobre su propio antecedente y dar cualquier consejo que pueda ayudar en el nuevo trabajo.

¡Es el inicio de la formación de una relación, y por eso, esto hará más difícil que dejen el nuevo trabajo!

Muestra de Preguntas de Chequeo a los 30 Días

* ¿Has determinado el tiempo del trayecto de casa- *oficina?* (*Esto también podría incluir dejar niños en el colegio y otros temas logísticos*)

- *Hasta ahora, ¿es el trabajo que tú esperabas? ¿Sienteretos en el cargo? ¿Hay algunas áreas claves en las que piensas que estás sobresaliendo o tal vez necesitasmás entrenamiento?*
- ¿Piensas que tienes la información, herramientas y *recursos para realizar con* éxito *tu trabajo? ¿Te sientesbienvenido por el staff de otras unidades?*
- *¿Estás experimentando algún reto en particularcon el cual yo te pueda ayudar?*
- *¿Te sientes cómodo dentro de la organización en general?*
- *¿Sientes que tienes un buen entendimiento detu papel dentro de la organización? ¿Sientes que puedes ser productivo y efectivo en tu cargo?*
- *¿Puedes decir por qué o por qué no?*
- *¿Si pudieras retroceder 30 días, hay algo queharías diferente? ¿Hay algo que tú crees quenosotros podríamos hacer diferente?*
- ¿Sientes que estás recibiendo suficiente *retroalimentación y asistencia de tus líderes?*

Muestra de Preguntas de Chequeo a los 60 y 90 días

- *¿Qué áreas/tareas/proyectos estás disfrutando másdentro de tu cargo?*
- *¿Hay alguna habilidad nueva que sientes que hasdesarrollado o fortalecido?*
- *¿Hay alguna habilidad que tú quisieras tener laoportunidad de desarrollar más en las próximassemanas o meses?*
- *¿Cuáles son algunos de los elementos del cargo quetú no estás disfrutando mucho?*
- *¿Es porque no te han dado las herramientas o entrenamiento apropiado para ser exitoso, o porquetú simplemente en general no prefieres esta clase detrabajo?*
- *¿Cómo va tú integración?*

- *¿Hay algunas áreas donde sientes que podríasbeneficiarte de soporte o entrenamiento adicional?*
- *¿Hasta ahora qué parte del proceso de integración ha sido más efectivo/beneficioso?*

Estas simples preguntas no solamente pueden ayudar a mitigar algunos de los obstáculos para tu nuevo empleado, sino que le traerán una riqueza de datos de alguien que trae ideas frescas a su organización. Nuevamente, el lado bueno se cuantifica fácilmente en que trae ahorros en la rotación de personal y en retención de empleados.

La Vía Rápida a los Resultados

Para reclutar y retener talento de manera efectiva:
- Asegúrate de saber claramente qué habilidades son pre- requisitos.
- Usa preguntas de entrevistas que resaltan la habilidad del candidato o candidata, su pasión y su actitud
- Evalúa tendencias inconscientes sesgadas. Si tú tienes un equipo que nunca te sorprende con sus preguntas, opiniones o percepciones, no tienes un equipo lo suficientemente diverso. Mira tú organización, y evalúa a las personas que te rodean.
- Coloca atención especial a los nuevos contratados, y ten procesos establecidos para monitorear e involucrar a los empleados de alto nivel en sus primeros 90 días. En este momento es cuando están más vulnerables y es más probable que se vayan.

Capítulo 6

Relaciones

*Y*o nunca he sido "gran fanático de carros." Manejé un "Saturn" durante 11 años, y me llevaba al trabajo en Disney y a cualquier otro lugar que necesitaba ir. Por años, mi esposa Valery manejó una Toyota Sienna Minivan, llevando niños a diferentes prácticas de deportes, juegos y eventos escolares. Era un gran carro que podía aguantar el desgaste. Un día Valerie me anticipó, que su próximo carro iba a ser bien bonito. Ella había sido la mamá transportadora por años, y estaba lista ahora para ser nuevamente una mamá amigable. Tan pronto nuestro hijo mayor Julián se fue a la universidad, Valerie estaba en el mercado buscando una camioneta de lujo y nuestra primera parada fue Audi.

Cuando llegamos a la agencia de carros, le explicamos al vendedor que éste iba a ser el carro de mi esposa, y que yo estaba ahí solamente como un observador y para dar apoyo. Luego procedió a hablarme a mí sobre el carro, las características mecánicas y todo lo que ofrecía el carro. Cuando llegó el momento del manejo de prueba, me dio las llaves. Yo quería decirle que sin duda él había dañado esta venta. A pesar de que yo le había dicho que se dirigiera a mi esposa, él no me escuchó. Yo le di las llaves a Valerie para el manejo de prueba. Para empeorar las cosas él exclamó, "¿Tú ni siquiera vas a hacer el manejo de prueba?" Educadamente le dimos las gracias por su tiempo y nos fuimos. Desde el punto de vista de Valerie, él nos hubiera podido regalar el carro, pero ella ya no lo hubiera tomado. Ella se sintió irrespetada porque él la había ignorado grandemente durante el proceso de venta, a pesar de que yo le dije que iba a ser su carro.

Entonces nos fuimos a BMW, donde tú ¡te gastas tu dinero de manera rápida! Conocimos a Hugh. Así como habíamos hecho en la agencia de carros de Audi, le dijimos a Hugh que éste iba a ser el carro de Valerie. Él nos oyó claramente, y comenzó el proceso de ventas. Hugh se concentró en Valerie, involucrándose en una conversación animada a medida que juntaba información de cómo y cuándo estaría ella usando el carro, de lo que le importaba ella (es decir, la seguridad, características técnicas intuitivas, y facilidad de mantenimiento), y lo que ella necesitaba en un carro. Hugh escasamente me miró durante este proceso, y dos horas más tarde, salimos de la agencia de carros habiendo comprado un nuevo BMW. Llevamos el carro a nuestra casa, y más tarde ese día, nos sorprendió recibir una llamada de Hugh. Le preguntó a Valerie si había llevado el carro a dar una vuelta de prueba y si ella tenía algunas preguntas. En efecto, Valerie estaba teniendo dificultades tratando de sincronizar el control remoto que abre la puerta del garaje. Hugh inmediatamente ofreció pasar por la casa y apareció en nuestra entrada 20 minutos más tarde. Graduó el control remoto que abre la puerta del garaje, conversó un rato y nos dio su número personal de celular para preguntas futuras. El siguiente año pasaba por nuestra casa para llevarse el BMW para el servicio de mantenimiento y prestaba su propio carro a Valerie, para que lo usara durante el día. Déjenme decirles, ¡eso es servicio! Tan amables como somos Valerie y yo, nunca pensamos que un vendedor de carros tendría algún interés en seguir las relaciones una vez que la negociación hubiese terminado. Pero a medida que continuamos a interactuar con Hugh vimos que no nos imponía otras obligaciones a cambio, solamente una genuina asistencia de parte de alguien que entendía el poder de las relaciones.

Desde ese momento, yo he referido al menos 10 personas a la BMW, y muchos de ellos han comprado carros de Hugh. Claro, ustedes podrían cuestionar sus motivos. ¿Está construyendo relaciones con la gente con el solo propósito de vender más carros? ¡Claro que sí! Él está combinando su talento en la construcción de relaciones con su trabajo, el cual es vender.

¿Pero no estamos nosotros todos vendiendo algo todos los días? Aún si no tenemos "productos" que estamos tratando de vender, o "ventas" anexadas a nuestro cargo (o título), yo argumentaré que estamos de seguro vendiendo vendiendo.

nuestras opiniones, vendiendo nuestras ideas, influenciando a otros para qué piensen de la manera que pensamos nosotros, o haciendo que otros hagan lo que es necesario hacer.

Ahora no estoy diciendo que todos nosotros usamos el apalancamiento de las relaciones en todo momento para obtener lo que queremos. Pero cuando tú estás metido en una relación y continúa construyéndola, tú creas un ambiente favorable para la confianza. Esto es verdad en las relaciones personales y profesionales. Al mostrar un interés genuino en las personas, conocerlas y prestar atención a sus intereses, necesidades, retos y aspiraciones, tú promueves una cultura donde los individuos sienten que importan. Y cuando las personas sienten que importan, se inspiran a ayudarte a ti o trabajan más duramente y mejor para ti. Con mejores relaciones, los errores de comunicación bajan y la confianza sube. Todo se vuelve más fácil.

Las Relaciones son como una calle de doble vía.

Imagínate que tú está mirando una calle de doble vía, que tiene direcciones de salida y, de entrada.

En la dirección de salida (de ti hacia los demás), tú como individuo tienes que estar dispuesto a mostrar exactamente quién eres tú. Al tú exponerte y tener interacciones genuinas, tu equipo puede ver tu verdadera naturaleza con tus fortalezas y tus debilidades. Esto hace tu vida más fácil, ya que no tienes que pretender ser algo que no eres. Y los hace a ellos sentirse más cómodos porque no tienen que adivinar o leer entre líneas cada vez que usted dice algo. Me doy cuenta que algunos líderes se apartan de esto--- *porque tienen miedo de ser descubiertos.* Quieren proyectar una cierta imagen que no pueden alcanzar, así que ellos más bien prefieren esconderse detrás de una persona que pretenden ser o mantenerse alejados. ¡Si hay total transparencia, no hay donde esconderse! Créanme no hay ventaja en jugar al juego de esconderse. Tarde o temprano tú serás descubierto, y entonces tu credibilidad se desplomará. Así que es mejor ser genuino y honesto contigo mismo y con tu equipo.

Cuando tú estás metido en una relación y continúas construyéndola, tú creas un ambiente favorable para la confianza.

En la dirección de entrada (de los demás hacia ti), tú recibirás información de valor, que hará que tus relaciones de trabajo sean mucho más fáciles de manejar. Tú aprenderás sobre el reino de *ellos.* Primero, tú medirás rápidamente el nivel de candor que ellos escogen adoptar. Algunas personas se comprometerán completamente enseguida. Otras mantendrán escondidas sus cartas: tal vez ellos no confían en ti como individuo o ellos no confían en tu cargo. Algunos empleados han tenido malas experiencias con sus líderes en el pasado y puede que hayan tomado la decisión de adoptar un enfoque de precaución. Dependiendo de cuanto tu estés dispuesto a invertir en la relación, esto puede cambiar a medida que pasa el tiempo, y tú podrás ganarte la confianza de estos empleados. Otras veces, tú podrías encontrar una "persona sí" que solamente hace los movimientos. En ese caso, tú tendrás que enseñarles a ser cándidos. Algunas veces, yo motivaba a algunas personas al decir, "Gracias por estar de acuerdo conmigo, pero por favor díganme por qué estoy equivocado," o, mejor aún, "Gracias por ser tan positivo, pero ahora por favor díganme porque mi idea no es buena." Deles oportunidades de revelarse como realmente son.

A medida que conozco mejor a la gente, esto me provee indicaciones sobre cómo operan, qué los mantiene despiertos en la noche, qué esperan lograr, y qué obstáculos ellos tienen que superar. En Disney, también pude calibrar el nivel de empatía o reconocimiento que ellos requerían. Esto es información muy pertinente para construir una gran relación de trabajo.

La próxima vez que tú expongas una idea y que la gente te diga que es fantástica, responde diciéndoles, ¡«Gracias por la retroalimentación positiva ahora díganme por qué mi idea no es buena!»

Las Relaciones Personales no te exoneran de tus responsabilidades

En el 2009, como resultado de la recesión económica y nuestra disminución de la asistencia, Walt Disney World atravesó una serie de despidos en los niveles superiores. Eran cortes de personal no relacionados con desempeño en una variedad de cargos del parque, y nos llegó una lista de nombres enviada por el Departamento de Recursos Humanos. Yo era vicepresidente de Epcot en ese momento y recibí la temida lista para mi operación. Los Gerentes Generales de departamentos, el director de Recursos Humanos de Epcot y yo teníamos que entregar estas nuevas. Así que empezamos a dividirnos la lista de nombres entre nosotros. Como cosas del destino, yo inmediatamente reconocí el nombre de una querida amiga de la familia que trabajaba en Epcot. Valerie y yo la habíamos conocido por años y hasta estuvimos en su boda en París. No había duda en mi mente, que yo debía ser el que le llevara la noticia a ella. Tan difícil como lo era, yo sentí que ella encontraría consuelo al conocer su noticia de alguien que ella conocía bien. Teníamos respeto mutuo, y yo me aseguré que supiera que esto no era personal, ni un reflejo de sus habilidades. No puedo imaginarme tratando de evadir mis responsabilidades como amigo y como líder.

En esta situación, yo estaba tratando con alguien que había sido una amiga antes de trabajar en mi organización, pero esta experiencia inusual y difícil me enseñó una lección de valor. A medida que tú construyes compenetración con tu equipo, no puedes perder de vista el hecho de que un día tú tengas que tomar decisiones que les impacten negativamente. Estás en una posición de autoridad y puede que tengas que tratar con situaciones delicadas. Tu proceso de toma de decisiones no debe ser nublado por consideraciones sesgadas. Como líder, hay un límite sutil en las relaciones que puedas construir con tus subordinados. Tú no quieres ponerte en una situación donde el proteger una relación social entre en conflicto con tu responsabilidad como profesional.

Construye relaciones con tus subordinados directos.

Aunque a mí me gustaba interactuar con hasta 12.000 empleados del Reino de la Magia hasta dónde podía, también me di cuenta que yo necesitaba pasar mucho más tiempo con mis subordinados directos. En toda organización, nuestros subordinados directos son una extensión de nuestra habilidad para hacer el trabajo, para lograr crear la cultura correcta para nuestras organizaciones, y transmitir nuestros valores y prioridades a los equipos. Nuestros subordinados directos deben ser empoderados con la autoridad para mover hacia adelante el negocio. Así que un líder es tan bueno como lo son sus subordinados directos.

Cuando me unía a un nuevo equipo, me aseguraba de almorzar con cada uno de mis subordinados directos. Nos tomábamos dos horas para conversar sin ninguna agenda. La meta del almuerzo era la de hablar lo menos posible de temas actuales del trabajo. Yo quería excavar más en sus historias personales: dónde crecieron, qué trabajos y experiencias habían tenido a través de sus carreras profesionales; y sus familias, pasiones y metas personales. Generalmente, muchos líderes conocen bastante poco sobre sus equipos, a pesar de que pasan con ellos gran parte de sus días interactuando con ellos.

Estos almuerzos me dieron otro nivel de entendimiento sobre mis subordinados directos y lo que ellos valoraban. Yo tomaba nota de las edades de sus hijos, si sus parejas trabajaban o no, y lo que hacían en su tiempo libre. Esto me daba la habilidad para después hacer preguntas relevantes sobre sus vidas y conectar con ellos en forma más efectiva y auténtica.

De igual manera, yo empezaba mis reuniones de staff dándole a cada uno una oportunidad para que dijera una historia de algo excepcional que había pasado recientemente en sus vidas profesionales o personales. Estas historias eran entretenedoras, esclarecedoras y ayudaban al equipo a continuar estar conectado el uno con el otro.

También le enviaba una hoja de trabajo a mis miembros de equipo, solicitándoles sobre canciones, películas y comidas preferidas y otras cosas. Esto era otra fuente para entenderles a nivel personal y de capacitarme para tratarlos como individuos y hacerlos sentir especiales. Dicha construcción de relación, yo creo que también tenía un efecto dominó: mis miembros de equipo trataban a sus colegas—y eventualmente a nuestros huéspedes—de la misma manera. ¡El ser un modelo ejemplar puede ser muy poderoso!

Yo fui testigo de un error ejecutivo de un asistente administrativo que había estado en la empresa por largo tiempo, a una nueva empleada, y lo que hizo fue darle una canasta de bienvenida. ¿Cómo puede ser esto? ¿Cómo puede uno pasar por el escritorio de alguien todos los días sin saber su nombre, mucho menos su cara? ¿Cómo puede uno esperar esfuerzos y compromiso de alguien que no es reconocido? La manera como tú interactúas y te relacionas con las personas es crucial para construir un equipo. Las relaciones son el combustible que trae energía y compromiso a tu organización. Vivimos en un mundo donde las personas desean mucho la interacción humana y tener significado. El no invertir en construir las relaciones es como completamente negarlas.

Construye una relación con tu jefe.

En 2005, yo era el gerente general del All-Star Resort, el hotel más grande en la propiedad Disney. El gerente de turno me llamaba a mitad de la noche si algo inusual pasaba. (Un hotel de 5760 habitaciones tiene mucha actividad, secreta "shenanigans," y jocosa "hijinx", pero eso es para otro libro!)

En una noche particular, fui informado que un individuo borracho había parado enfrente de la reja de seguridad del Allstar Resort. Estaba buscando a un trabajador de Disney y tenía una un revólver en el puesto del pasajero. El guardia de seguridad de la reja había llamado a la policía, y el hombre fue aprehendido sin incidente. Procedí a recolectar el máximo de detalles que podía.

¿Quién era el hombre de la camioneta? ¿Qué clase de camioneta? ¿Qué había dicho? ¿Quién era el empleado del hotel a quien él estaba buscando? Pronto llamé a mi jefe, Kevin, para actualizarlo sobre la situación y compartir todos los detalles. ¡Yo sabía que a él le gustaban los detalles, y yo iba a dárselos! Después de que le di el informe, ya respiré, y con un sentido de orgullo, yo sabía que le había provisto toda pieza de información posible. Luego yo le pregunté a Kevin si tenía alguna pregunta. El pausó y entonces preguntó, ¿qué clase de revólver era? Suspiré.

Tuve muchos líderes a través de mi carrera en Disney. Todos fueron diferentes, con diferentes niveles de expectativas, estilos, e idiosincrasias. Como Gerente General de Walt Disney, el primer jefe que tuve, Karl, pensaba rápido y se movía rápido. Nuestras reuniones solos duraban 15 minutos. Si yo podía comunicar mis necesidades de manera clara, concisa en 20 palabras o menos en cada tema, sin muchos detalles, él estaba inclinado a estar de acuerdo o aprobar mi propuesta enseguida. Si había alguna duda en mi tono, él pedía más detalles. Tenía un sentido alto de urgencia y le gustaba moverse a la velocidad de la luz   es el tipo de personas para quien es divertido trabajar, pero era importante decir la historia con exactitud y saber cómo venderla de manera breve.

Mi segundo jefe, Kevin, no hubiera podido ser más diferente. Era un maestro de detalles. Él quería muchos detalles y saber sobre cómo estaban progresando los proyectos, de a 5% cada vez. Él explicaba a sus Gerentes Generales que su necesidad por los detalles no debía ser vista como desconfianza o micro manejo. Él simplemente se sentía más confortable con los detalles, y dormía mejor en la noche cuando estaba informado. (Acuérdese de su pregunta (hecha por Kevin), "Qué clase de revólver era?")

Tuve que aprender a trabajar de manera diferente con cada jefe. Algunos eran rápidos para establecer las reglas básicas. Otros podían mantenerle adivinando. Si no llega información, asegúrate de preguntar con exactitud qué nivel de comunicación y qué tipo de información necesitan. Con el paso del tiempo, deberás ser capaz de entender sus personalidades, atender sus expectativas individuales, y ajustar el nivel de urgencia y detalle que requieren.

La Vía Rápida a los Resultados

Cómo Construir Relaciones con tus Subordinados Directos:
- Pase tiempo temprano en la relación para conocer personalmente tus subordinados directos incluyendo sus antecedentes, su historia de trabajo, familias y hobbies.
- Al inicio de tus reuniones a solas, involúcrate en una conversación personal para construir compenetración.
- Se recíproco con tu información personal. La autenticidad es una herramienta poderosa para conectar con otros.
- Identifica las preferencias de tus subordinados directos en términos de comunicación, retroalimentación, y elogio. Ellos notarán y valorarán tu enfoque personalizado.

Cómo Construir Relaciones con tu jefe:

- Alinea las expectativas rápidamente cuando esté trabajando para un nuevo jefe. Haz preguntas de sondeo sobre las fechas límites, la cantidad de comunicación que ellos prefieren, y lo que ellos consideran "urgente."

- Habla de ítems importantes para el trabajo de ellos; ofrece ideas sobre tus proyectos actuales; y alardea humildemente sobre algunos de tus grandes trabajos, de los cuales puede que ellos que no sepan.

- Has fácil que tu jefe te dé retroalimentación, reconociendo áreas en las cuales tú necesitas mejorar.

Capítulo 7

Estableciendo Expectativas

He aquí una historia clásica. La mamá le dice al adolescente, "¡Amor, no vengas muy tarde a casa!" El adolescente vuelve a la casa a la medianoche y la mamá le revoca los privilegios del carro porque ella esperaba que él regresara a las 10 p.m. El adolescente exclama: "Mamá, eso no es justo—¡la medianoche no es tarde en absoluto! ¡No puedo creer que me estés quitando el carro únicamente por eso!"

Apreciada Mamá, me temo que la broma trata de ti. La falta de claridad en las expectativas dejó espacio para interpretación. "No muy tarde" es vago. Así que el adolescente interpretó la expectativa en sus propios términos. Cuando no determinamos los límites y las consecuencias de antemano, creamos ambigüedad. Y la ambigüedad abre la puerta a una mala interpretación, la cual genera confusión y frustración.

A través de los años frecuentemente me he escuchado diciendo, "¿Pueden por favor comunicarse conmigo sobre este asunto?" únicamente para frustrarme cuando la información no llegaba al día siguiente. Nuevamente, al fallar en dar una fecha límite precisa, no comunicaba ningún nivel de urgencia y dejaba a mi equipo adivinando.

Otras veces hacía que los miembros del equipo entregarán más de la cuenta. En 2002, yo era el gerente general del Wilderness Lodge. Mientras conversaba con el chef del restaurante, yo mencioné casualmente que tan bueno sería hacer que los niños hicieran casas de masa de galleta("Gingerbread Houses") durante las vacaciones. Después la gerente de alimentos y bebidas del Hotel me preguntó por qué ella no había sido informada sobre la iniciativa de las casas hechas con masa de galleta.

Yo inicialmente estuve desconcertado, pero pronto me di cuenta que lo que yo había considerado únicamente como un comentario casual había sido tomado literalmente. El chef había ordenado los suministros y había reorganizado el itinerario para llevar a cabo el plan, con mucha sorpresa de su líder directo. El chef había asumido que mi "lluvia de ideas" era una orden que necesitaba cumplir inmediatamente. Esto no podía haber estado más lejos de la verdad, pero nuevamente mi falta de claridad había dejado la puerta bien abierta para la interpretación.

Podemos fácilmente corregir esta clase de confusión. No mantengas a la gente adivinando. Se específico con las fechas límites, y establece parámetros y metas claras—particularmente cuando empieces a trabajar en una nueva organización.

Prácticas Operativas y Prioridades

Al iniciar un nuevo trabajo o al cambiar cargo dentro de la compañía típicamente incluye un período de prueba y error. Si un miembro del equipo hace algo que no está alineado con lo que piensa el líder o le malinterpreta las señales, se hace una corrección y luego el equipo se ajusta y sigue funcionando. Pero como resultado, la confianza y el entendimiento toma más tiempo para construirse, y mientras tanto, la productividad sufre durante este período de incertidumbre.

Mi meta desde el día uno era la de evadir estos percances y acelerar la curva de aprendizaje. Necesitaba compartir como yo procesaba la información, y como yo esperaba que la comunicación fluyera, y en general como era la mejor manera de trabajar conmigo. Reconocí una oportunidad para acelerar la curva del aprendizaje al declarar formalmente y con precisión lo que estaba en mi mente y no hacer que mi equipo adivinara si operaba como su líder anterior.

Descubrí una manera infalible de crear dicha claridad.

Espérela …

Yo escribí mis expectativas y se las di a mi equipo. ¡Imagínense eso! Llamé al documento "Las Prácticas Operativas y Prioridades de Dan." (Vea todo el memo en DanCockerell.com/expectations.)

Esto era un documento vivo, que respiraba, y que evolucionó a través de las décadas. Cada vez que iba a un nuevo trabajo, yo ajustaba las expectativas basado en mis aprendizajes y en la sabiduría recientemente encontrada en el último trabajo. Las propias expectativas que tendrán se verán diferente, de acuerdo a su estilo de liderazgo y la cultura de la compañía. Pero un documento parecido les dará un buen fundamento.

Ahora, solo porque yo escribía todo en un pedazo de papel y se lo daba a mi equipo, no significaba que habíamos ya establecido la confianza, ¡ni que el futuro iba a ser color de rosa! Eso sólo vendría con el tiempo y la experiencia juntos. Este tipo de memo, sin embargo, es una herramienta efectiva para remover mucho del trabajo de adivinar con un nuevo equipo en los primeros 6-12 meses. Ayuda a crear una vía más rápida hacia la confianza y la productividad.

Aquí están algunos de los temas claves de ese documento.

En Cuanto a Liderazgo:

¿Cuál es tu filosofía de liderazgo? ¿Qué es lo que tú quieres que tus subordinados directos sepan sobre lo que tu valoras como líder? En mi caso, yo hablo de los cuatro pilares que guían mi estilo de liderazgo:

- La importancia de dar apalancamiento al talento de cada uno
- El construir relaciones fuertes
- El establecer expectativas claras
- Recompensa/reconocimiento

En cuanto a Comunicación:

¿Qué consideras una gran comunicación? ¿Cómo prefiere que se comuniquen contigo y con qué frecuencia? ¿Qué nivel de detalle prefieres tú? ¿Cuál será la frecuencia y estructura de las reuniones de tu equipo y las reuniones individuales con los miembros de tu equipo? ¿Cómo deben esperar ellos que te comuniques con ellos?

En Cuanto a Resolución de Problemas:

Define el nivel de empoderamiento, libertad y soporte que tú vas a proveer a tu equipo para resolver problemas. ¿Espera que ellos vengan a ti únicamente cuando hayan agotado las otras opciones? ¿Quisieras que te usaran como un socio pensador? ¿Cuánto riesgo quieres que tomen al realizar sus roles? ¿Cuáles son los criterios que a ti te gustaría que ellos usaran para la toma de decisiones?

En Cuanto a Desarrollo:

¿Qué rol vas a realizar para el desarrollo continuo de tus subordinados directos? ¿Les vas a presentar un plan? ¿Vas a poner la responsabilidad en ellos de identificar sus áreas de oportunidad y trabajarán contigo para desarrollar un plan? ¿Cuánto tiempo, recursos y dinero estás dispuesto a invertir en el desarrollo de ellos? Esta área es importante de definir. Un líder motivado, de alto desempeño tiene un gran interés en el desarrollo de los miembros de su equipo.

En Cuanto a Desempeño:

¿En qué punto establecerás las expectativas específicas para tu equipo? Si tú las estableces muy bajas no aprovecharás al máximo. Si muy altas ellos pueden ver su visión como inalcanzable. Trata de llegar a la "Zona Goldilocks" o sea la zona adecuada, justo en lo correcto. ¿Cuánto valoras las relaciones versus los resultados? ¿Cuáles son los parámetros más importantes que vas a usar para medir sus desempeños? ¿Usarás la retroalimentación del resto de tus compañeros de equipo sobre ellos en su evaluación?

Metida en la parte de las expectativas de desempeño de su memo también debe haber una sección sobre balance y cómo piensa sobre eso. ¿Hay un mínimo de horas que espera que tu equipo trabaje cada semana? ¿Espera que tu equipo esté disponible 7 días a la semana? ¿Después de las horas de itinerario? ¿En vacaciones? ¿Espera que sustituyan a uno de los miembros de tu equipo cuando no están disponibles? (Esto era una táctica clave en Disney, disponible 365 días al año.) Cuando venía el tiempo para las evaluaciones de desempeño anual, yo podía fácilmente echar mano de mis Prácticas y Prioridades Operativas. El hacer responsables a las personas es mucho más fácil cuando tú has declarado claramente tus expectativas.

Entendiendo las Expectativas

Soy un gran proponente del liderazgo que sirve (a otros). Esto significa que los líderes deben considerar su responsabilidad principal el dar soporte a los miembros de su equipo. Como mencioné antes, mucho como un entrenador, Tú seleccionas a los miembros del equipo; Tú los entrenas; Tú les provees las herramientas, prácticas, y estrategias; Tú les das soporte y les das ánimo y van al trabajo.

Con el fin de ser efectivos y traerles el soporte que ellos necesitan, es importante comenzar a hacer preguntas.

Una manera muy efectiva de recibir las respuestas correctas a estas preguntas es una sesión de "Empiece, Pare, Continúe". En Walt Disney World, los líderes principales llevan a cabo este ejercicio una o dos veces al año.

Así es como sucede y se desarrolla.

Lleva a tu equipo afuera por una mañana o una tarde, y júntalos en un lugar casual, fuera de su ubicación normal de trabajo. Hazles saber que estás comprometido con el éxito de ellos, y como tú estás aquí para ayudarlos, y que necesitan saber de lo que esperan de su líder. Explica que hay cosas que tú haces bien y cosas en las que necesitas trabajar, y que les das la bienvenida a su retroalimentación.

Coloca tres papelógrafos. Dile al equipo que tú te irás por 90 minutos con el fin de que el grupo conversé sobre lo que ellos piensan que debe ir debajo de cada título de cada papelógrafo: empieza a hacer, para de hacer, y continúa haciendo. Deben ordenar prioritariamente cada lista. Pueden reclutar la ayuda de un moderador neutral para involucrar al equipo y facilitar la aportación mientras tú estás fuera. (Esta persona puede ser de Recursos Humanos o alguien que no tiene nada que ver con la situación). Antes que tú retornes, el equipo puede nombrar uno o dos voceros.

Escucha atentamente la retroalimentación.

Una vez que tú hayas escuchado la retroalimentación, has preguntas para asegurarte de que entiendes la intención y contexto de los pensamientos del grupo. Esto es importante ya que tú estarás creando un plan de acción y compartiéndolo con ellos. Llévate tus pensamientos y notas de la reunión, y a la semana, manda tus notas al equipo o repasa con ellos los pasos que van a tomar.

Hay doble ventaja en este ejercicio. Primero, más probablemente recibirás retroalimentación honesta del grupo, ya que hay fuerza y seguridad en los números. Nadie tiene que ponerse en riesgo--- la retroalimentación es presentada a nombre del grupo.

También manda un mensaje fuerte, que tú valoras la mejoría continua y que estás dispuesto a ser lo suficientemente vulnerable para permitir una conversación sobre su propio desempeño. Esto es muy difícil, y siempre duele algo cuando escucha algo de la retroalimentación. Sin embargo, el impacto puede ser espectacular.

Es importante recordar que esto es un proceso de doble vía. Y si tienes pensamientos adicionales sobre por qué tú haces lo que haces, o hay ciertas cosas que no vas a cambiar, asegúrate de explicar el por qué. Algunas veces el sólo discutir un tema será suficiente acción.

Por último, antes de continuar con este proceso, asegúrate de que estás dispuesto a hacer un plan de acción y cumplir todos los pasos. Comprométete a hacer menos de lo que piensan que debes hacer, y asegúresate de completar los cambios solicitados. Es mejor nunca tener la reunión que tenerla y perder credibilidad al no cumplir los pasos a seguir.

Liderazgo en Silencio—el Poder de ser un Modelo Ejemplar

A medida que preparaba los diferentes temas de este libro, yo inicialmente omití el de ser modelo ejemplar. Fue una decisión deliberada ya que sentía que ya transpiraba a través de mucho del contenido. Además, el ser modelo ejemplar está arraigado en nuestro ADN. Esta es la manera como adquirimos la mayoría de nuestras habilidades básicas, y por lo tanto debe ser la cosa más fácil de recordar y de poner en práctica. Piénselo por un segundo: básicamente aprendemos como estar de pie, caminar y hablar a través del ejemplo modelo de nuestros padres. Adoptamos valores, rasgos y comportamientos a través de la modelación de roles.

Nos inspiramos, motivamos, y empoderamos cuando vemos modelos ejemplares. Aprendemos evolucionamos y mejoramos gracias a los modelos ejemplares.

La modelación de roles o el ser ejemplo, no es únicamente vital en la creación de la cultura correcta para una organización, sino que también es la manera más fácil de crear comportamientos estándar, comunicar lo que es importante y entrenar y motivar a la gente. Es el elemento más importante de la excelencia del liderazgo.

Por eso, pensándolo bien, decidí compartir otra historia que muestra casos del poder de ser modelo ejemplar y su impacto.

En el 2014, era vicepresidente de Hollywood Studios de Disney, y nos estábamos acercando al final del año y a otra temporada de vacaciones movida. Los Estudios de Disney siempre han sido un destino seleccionado durante la Navidad por el Festival de las Luces. Este año en particular iba a ser un reto debido a las insuficientes instalaciones de parqueo para la asistencia pronosticada. Para liberar algo de necesario espacio de parqueo para nuestros huéspedes, yo decidí pedirle a los miembros empleados de Hollywood Studios de Disney que parquearan en una localización remota (en ESPN Wide World of Sports), y organizamos buses desde ahí hasta el trabajo y del trabajo hasta ahí. Esto sumó unos 30 minutos extra a los traslados de la casa al trabajo y viceversa diariamente ---no tengo necesidad de decir, que muchos empleados miembros de Disney estaban insatisfechos con esta decisión.

Tan pronto hicimos el anuncio, varios de nuestros miembros de reparto (empleados) tuvieron el valor de llamarme directamente para protestar por el nuevo arreglo (del parqueo). Yo los dejaba que se desahogaran por unos buenos 5 minutos, les daba las gracias por su llamada, y les decía que entendía con precisión como esto les impactaba, ya que todos nosotros compartíamos las mismas circunstancias. Cuando yo decidí solicitar el parqueo remoto, yo insistí que todo el equipo de liderazgo, yo incluido, nos adhiriésemos a los mismos requerimientos. A pesar de que mi oficina estaba enseguida detrás del área de trabajo, donde teníamos alrededor de 20 espacios de parqueo reservados para nuestro propia venida y salida, todos los líderes se hicieron el propósito de montarse al bus con los miembros de reparto (empleados) de primera línea como muestra de solidaridad.

Era un fastidio para todos nosotros, y podríamos fácilmente haber hecho una excepción para los ejecutivos, pero yo sabía que ésta era exactamente el escenario que construiría o destruiría nuestra reputación. Si yo como líder solicito a mi equipo que haga un esfuerzo extra, yo debo ser ejemplo y estar ahí con ellos. Y déjenme decirles, la gente los está mirando--- todo el tiempo. Ellos los escuchan, más importantemente, observan lo que tú haces y cómo te comportas. Basado en estas observaciones ellos determinan lo que es importante para ti y van a emular su comportamiento, sea bueno o malo. Si tú le hablas a la gente sobre la seguridad y manejas como un loco, claramente la seguridad no es importante para ti, y por lo tanto no será importante para ellos. Si tú hablas de decir la verdad, y tus hijos te pescan mintiendo, puedes apostar que ellos también van a mentir en un momento dado de su vida. El ser modelo ejemplar es tan importante para el liderazgo como lo es para la crianza.

Así que a medida que construya expectativas para tu equipo, recuerde que nada será más importante que tu propio comportamiento. Ellos comunican la historia de lo que es importante para ti, cuánto te importa tu equipo, y si tú cumples o no tu palabra.

La Vía Rápida a los Resultados

<<insert rooster icon.png>>

Aquí hay algunas ideas claves sobre las expectativas:

- Crea tu memo de tus propias expectativas para compartir con tus subordinados directos. Ten a la mano un cuaderno que tú usarás para hacer pequeños ajustes a este memo a lo largo del tiempo. (Puedes ver algunas ideas en mi propio Prácticas y Prioridades Operativas en: DanCockerell.com/Resources.)
  - En este memo describe tu filosofía sobre temas claves, tales como:
    - Liderazgo
    - Comunicación
    - Resolución de Problemas

- ◆ Desarrollo
- ◆ Desempeño
- Ser anfitrión de una sesión de Pare, Empiece, Continúe. Cumpla un plan de acción.
- Siempre sea un modelo ejemplar de sus expectativas.

Capítulo 8

Premio y Reconocimiento

En el cajón de mi escritorio en Disney, yo mantenía lo que llamaba, el folder "Lo hiciste bien". Cuando yo hacía un error o tomaba una mala decisión, o simplemente tenía un día difícil, yo solía sacar este folder. Estaba lleno de notas de agradecimiento, felicitaciones de mi jefe, cartas de miembros de reparto (o sea empleados) y huéspedes diciéndome sobre algo mágico que yo había hecho por ellos, y demás. El folder de "¡Lo hiciste bien!" era mi terapia para atravesar tiempos de reto cuando empezaba a criticarme a mí mismo. Yo no puedo hablar a nombre de todos los ejecutivos, pero créanme cuando digo que la mayoría de ellos tiene momentos de inseguridad y ansiedad al igual que cualquier otra persona.

Esos pequeños pedacitos de papel me volvían a proveer soporte. Similarmente, conocí muchos miembros de reparto (empleados de Disney) que todavía tenían alguna de las tarjetas o notas que yo les había escrito años antes. Estos memos eran palabras de aprecio por un proyecto bien hecho, un ánimo para los esfuerzos continuos, o un gracias por desplegar consistentemente grandes comportamientos. Algunos los mantenían en sus escritorios y otros en sus billeteras; un empleado de Disney hasta tenía una de mis notas enmarcadas en su sala de estar. ¿Quién iba a creer que estos pedacitos de papel tenían tanto valor? Napoleón Bonaparte una vez dijo, "Un soldado peleará bastante y fuertemente por un pedacito de cinta coloreada." Yo lo respaldo en eso.

El Poder del Premio y del Reconocimiento

El conocer el poder del premio y del reconocimiento (y sus efectos sobre mí) me inspiró para poner a andar las herramientas y procesos correctos, para asegurarme de que mucho reconocimiento estuviese realizándose en cada una de mis organizaciones.

Hoy en día en charlas, yo frecuentemente pregunto a las audiencias porque piensan que debemos reconocer y premiar el desempeño de las personas. Yo recibo muchas respuestas absolutamente razonables: para motivar a las personas, para hacer que se sientan mejor, para hacerlas saber que las apreciamos. Ciertamente son todos resultados, pero a mí me gusta comparar el reconocimiento a una herramienta de liderazgo para reforzar comportamientos individuales (lo que crea cultura) y motiva a los equipos para que sean más productivos para la organización en general.

Por ejemplo, si yo veía a un empleado consistentemente esforzándose a saludar a cada cliente cuando entraban en un lugar de mercancías, era perfectamente razonable y necesario decirle a ese empleado que yo había notado que él estaba saludando a cada huésped, y que yo valoraba ese comportamiento. Luego de hacer eso, era razonable creer que el empleado iba a continuar con ese comportamiento. Si yo quería que el miembro de reparto (empleado de Disney) estuviera seguro, yo necesitaba hacer esfuerzos manifiestos para crear un ambiente seguro. Si yo quería que el miembro de reparto fuera cortés, mis comentarios necesitaban enfocarse en comportamientos específicos cuando el miembro del equipo estaba siendo particularmente ayudador y respetuoso, creando momentos mágicos, yendo más allá Yo creo que ustedes me cogen la idea. En Disney, yo revisaba las cartas de los huéspedes, los emails, y las publicaciones en los medios sociales, e insistía que cualquier carta de felicitaciones que identificada a un miembro de reparto o empleado de Disney específicamente fuera reenviada a él o ella, con una nota mía escrita a mano diciendo gracias. Me parecía apropiado hacer saber y mostrar alguna apreciación a los empleados. Los empleados cuentan, y ellos necesitan saber que ellos son importantes. En mis últimos años en Disney, y en el Reino de la Magia en particular, mi asistente, Kathleen, me ayudaba a pasar a máquina las notas que yo iba a firmar. El volumen de cartas de felicitaciones era muy grande para que yo lo manejara sólo. ¡Ese era uno de mis "problemas" favoritos que tenía que confrontar!

Tipos de Reconocimiento

En Disney, también aprendí cómo pensar sobre el reconocimiento espontáneo versus el reconocimiento programado. Yo creo que hay un lugar para los programas basados en reconocimiento como empleado del mes, desempeño-- o asistencia. Sin embargo, tenemos que asegurarnos que los criterios sean claros en extremo y entendidos por todos en la organización. También encontré a través de los años que los programas de "premios" que involucraban el reconocimiento por los compañeros eran de mucho más peso para el equipo, siempre y cuando se rigieran por los comportamientos apropiados.

Lo más importante que aprendí fue que todo programa de reconocimiento tiene una vida útil; algunas veces semanas, otras veces meses. Está perfectamente bien cambiar los programas, con tal que tú te enfoques en reforzar comportamientos que esperas de tus equipos. No dejes que éstos se estanquen o que los programas pierdan toda credibilidad El reconocimiento espontáneo, en cambio, crea un elemento de sorpresa que puede aumentar la motivación y hacer que la venida al trabajo sea más divertida para el receptor y el contribuyente. Tiene que suceder en el momento, y obviamente implica que eres testigo de dicho comportamiento. A veces un simple "gracias" será suficiente, sea verbal o vía texto o email. Entre más inmediatez, más efectivo será.

Toma disciplina el crear el hábito de mostrar apreciación porque estamos entretenidos en el momento, y los asuntos urgentes frecuentemente mandan a poner en espera a los reconocimientos. Ves los comportamientos; eres testigo de los comportamientos; tienes la intención de dar reconocimiento al empleado, pero nunca lo llevas a cabo. Antes que te des cuenta, el tiempo ha pasado, y ya se terminó y se olvidó el asunto.

Mi esposa con frecuencia mencionaba el gran reto que era para ella el acordarse de proveer reconocimiento. Ha podido ser una diferencia cultural (más sobre eso más tarde) ya que los franceses no son "porristas naturales." Así que ella desarrolló un sistema. No estoy seguro donde ella oyó o leyó sobre esto, pero escuchen cómo sucedió:

Valerie ponía 5 monedas en su bolsillo derecho todas las mañanas. La idea era que sonando las monedas le recordaría buscar a grandes miembros, compañeros o socios del equipo, y darles reconocimiento y darles gracias en ese momento. Cada vez que ella lo hacía, pasaba una moneda a su bolsillo izquierdo. El objetivo era pasar las cinco monedas a su bolsillo izquierdo al terminar el día, así asegurándose que ella le había dado gracias y animado a por lo menos 5 personas ese día. La primera semana o un poquito más que difícil, y ella retornaba a casa con su grupo de monedas todavía dentro de su bolsillo derecho. Pero con el tiempo ella gradualmente se iba volviendo más diligente y se expresaba más sobre el reconocimiento. ¡Y funcionó!

Este es un área en la cual podemos ser tan creativos como queramos, ya sea qué diseñemos nuestro propio sistema (cómo hizo Valerie) o haciendo que el momento de reconocimiento sea divertido e imaginativo. Rachel, la gerente general de Entretenimiento en el Reino de la Magia, solía traer a los miembros de reparto (empleados de Disney) que ella quería elogiar a sus reuniones semanales de staff.

Ella solía leer una carta sobre algo grande que el miembro de reparto había hecho, y su equipo concluía con una ovación de pie. En su departamento de mercadotecnia, Deb creaba paquetes pequeños de dulces salvavidas. A medida que caminaba por el parque, ella premiaba los momentos grandes de servicio al cliente en tiempo real. Personalmente, yo he cocinado muchos panes de banano, que yo solía entregar al azar a empleados de alto rendimiento que me encontraba durante el día.

Lo vinieron a llamar el Pan Danana, y yo sorprendí a muchos miembros de reparto (o empleados de Disney) a través de los años. Ahora, yo no estoy implicando que usted deba empezar a cocinar, pero un simple gesto llega lejos. Además, me gusta pensar que es un buen karma. ¡Nada malo puede suceder cuando tú empiezas el día entregando pan hecho en casa!

Una anotación más: como mencioné antes, yo pienso que deberíamos encarar nuestras vidas holísticamente. Nosotros no tenemos una vida personal y una vida profesional--- tenemos una vida. Esto va también para los miembros de nuestro equipo. Cuando la cosa se puso difícil y el equipo tuvo que trabajar muchas horas extras, yo estaba bien consciente del hecho de que éste era un momento que se le estaba quitando el estar con sus familias. Por lo tanto, yo siempre traté de darle reconocimiento a sus esposos o hijos, que eran quienes más se afectaban por las ausencias. Después de la temporada muy ocupada de Navidad, yo les enviaba cupones para que cenaran con sus esposos y socios y darles gracias por compartir a su esposo o compañero con nuestra organización. Esto era una manera simple de devolverles algo de tiempo de calidad.

No a todos le sirve un mismo Programa de Premios y Reconocimiento

Mientras trabajaba con el equipo de apertura de Disneyland París, yo empecé un programa de "asistencia perfecta" para el equipo de Operación del Estacionamiento. En la sala de descanso, los miembros del reparto (o empleados de Disney, que no habían llamado por estar enfermos o se habían ausentado del trabajo, pondrían sus nombres en una lista que estaba en la sala de descanso por "asistencia perfecta de dos semanas," "asistencia perfecta de un mes," y sucesivamente.

Cuando cumplimos dos meses en el programa, sólo quedó un miembro de los empleados con asistencia perfecta. Él me llamó a un lado un día y me explicó que apreciaba el reconocimiento, pero que los otros empleados le estaban haciendo la vida difícil sobre ser "mejor que ellos." Él me dijo que, si no quitaba la lista, él tendría que llamar por estar enfermo para que quitaran su nombre del tablero. Yo descontinué el programa de asistencia perfecta inmediatamente.

¡Qué aprendizaje tan interesante concerniente a las diferencias de cultura! Este programa había trabajado perfectamente en Walt Disney World(Estados Unidos). Yo aprendí que generalmente los individuos franceses preferían ser reconocidos privadamente, y es por eso que el empleado de asistencia perfecta se sentía incómodo.

Mientras tanto, en los Estados Unidos, es una historia diferente, al menos desde el punto de vista de mi experiencia. Cuando usted le esté haciendo un reconocimiento a un empleado americano, asegúrese de tener globos, alguna clase de aviso, y si es posible, haber invitado a sus amigos y familia. Habrá discursos, sus colegas participarán en las conversaciones, habrá muchas palmadas en la espalda. Yo puedo estar exagerando un poco, pero hay mucho de verdad en estas diferencias culturales. Y, por cierto, eso es exactamente lo que son: diferencias. No son mejores, ni peores, solamente diferentes.

Para evitar salirse de la raya, pregunte a sus miembros de equipo individualmente como les gusta ser reconocidos. Algunos le dirán que en privado y otro le dirán que en público. Otros le dirán que tener tranquilidad es su reconocimiento, y regularmente hazle saber que están haciendo un buen trabajo. Pero otros les dirán que las palabras salen económicas y que prefie-

ren reconocimiento en dinero. ¡Lo que sea que hagas, haz algo! Tradicional-
mente, los programas de premios y reconocimiento reciben las calificaciones
más bajas en encuestas de empleados. Hicimos un buen trabajo en Disney
con una variedad de programas y premios, y a pesar de eso, Áreas de Liderazgo era una de nuestras más bajas calificadas. Entonces, trate los premios y
el reconocimiento igual que lo hace con cualquier otro parámetro de negocios. Ponga los procesos a andar para asegurarse que éstos se lleven a cabo;
sea cuidadoso para personalizarlos de acuerdo al individuo, y asegúrate que
refuercen los comportamientos esperados en su organización.

Individuos vs. Equipos

Las organizaciones obtienen los resultados de dos maneras diferentes:
desempeño individual y desempeño en equipo. Durante mi carrera profesional, el mantener el equilibrio en el apoyo de las dos maneras era
siempre un dilema. Los comportamientos que nosotros impulsamos
y premiamos son los comportamientos que obtenemos. La tabla en la
siguiente página establece la dinámica resultante de cada ambiente.

Los líderes que evalúan a sus equipos mayormente por desempeño
individual, pierden la oportunidad de que los subordinados directos se
ayuden unos a otros para resolver los problemas como grupo.

Cuando sobrevaloramos el comportamiento individual, cada persona está enfocada en cómo hacerse notar y probar su valor ante el jefe. La gente no se "cuida la una a la otra," y puede permitir que otro miembro del equipo falle para que, comparativamente se vea el que no falló, con mayores logros.

Por otra parte, los líderes que evalúan a su equipo basado mayormente en desempeño del equipo, también ponen los resultados en riesgo. En cualquier equipo, habrá pioneros que pueden contribuir más valor. Sin embargo, si sus esfuerzos individuales no son reconocidos o recompensados, probablemente ellos se hagan a un lado o salgan de la organización.

La realidad es que necesitamos ambas situaciones. El mundo de hoy es muy complejo y se mueve muy rápido para que un solo individuo haga todo. Necesitamos el punto de vista, el conocimiento, la sabiduría y la contribución de todos para que el equipo sea exitoso. El poder está en el equipo. También necesitamos el talento individual para que haga progresar al equipo, pero no para convertirse en la única estrella.

Tom Staggs, el ex Chairman de Disney Parks and Resorts, lo llamaba "vitalidad organizacional." El concepto es simple. Como líder, a ti se te espera que desempeñes a un nivel individual excelente, y simultáneamente, que hagas a aquellos que están alrededor de ti mejores a través de la asociación y la colaboración.

La Vía Rápida a los Resultados

El proveer el reconocimiento justo implica que:

- Estar familiarizado con la preferencia de cada individuo para el reconocimiento: privado versus público, escritos vs orales, etc.
- Encuentras oportunidades todos los días para reconocer a los empleados por su desempeño y sus logros, grandes o pequeños.
- Crear un proceso de reconocimiento y de premios. No es un comportamiento que es natural para muchos.

- Debes considerar una mezcla de premios estructurados y espontáneos y el reconocimiento.
- Tú siempre debes conectar el premio y el reconocimiento a tus expectativas formales, con el fin de reforzar lo que tú valoras

Capítulo 9:

Dar Retroalimentación Efectiva

París, 1993. Había estado aproximadamente como un año en mi temporada de Disneyland París y había alcanzado un objetivo profesional muy temido: despedir a mi primer miembro de reparto (empleado) de Disney. Este individuo en particular, a quien yo me referiré como Jean Pierre, había estado desempeñándose mal por un tiempo, y había llegado el día para que yo le diera las noticias. Cuando llegó al trabajo, yo le pedí que pasara por mi oficina, y ambos nos sentamos. Procedí minuciosamente a explicarle la razón por la cual había tomado esa decisión. Era un momento incómodo por decir lo mínimo, y me tomó un tiempo ir al grano, es decir, que su carrera profesional en Disney había terminado. Había mucho retorcimiento de mi parte, parcialmente por mí todavía floreciente maestría del francés, pero principalmente porque no estaba en general preparado. La conversación terminó. Jean Pierre se fue.

Yo respiré con alivio y seguí mi día--- únicamente para saber que después de nuestra conversación, ¡Jean Pierre había retornado a su cargo en el estacionamiento! Claramente, ¡mi retroalimentación no había "aterrizado!" (sido entendida) (Más sobre esa palabra más adelante en este capítulo.)

Cuando empecé mi carrera profesional, realmente fue una lucha cuando tenía situaciones similares y, más generalmente, cuando tocaba proveer retroalimentación difícil. Me ponía nervioso con nudos en el estómago y ansiedad incrementándose hasta que, por fin, yo tenía que proveer la retroalimentación u olvidar el veredicto. Frecuentemente dejaba un sabor amargo en mi boca, ya que sabía que no la estaba manejando muy bien.

¿Por qué es que evitamos dar retroalimentación negativa?

- Estamos asustados
- No queremos dañar la relación
- Nos preocupa la reacción o sentimientos de la otra persona
- No estamos seguro de cómo decirlo
- No sabemos todos los hechos
- Nunca lo hemos dicho

antes Y la lista sigue.

Sin embargo, la retroalimentación es un prerrequisito para que sean exitosos los equipos. Por eso empecé a leer sobre esto, hablar con la gente y observé a otros con más experiencia. También hice reflexión sobre mis propios sentimientos cuando alguien me daba retroalimentación y cómo yo reaccionaba.

Esto me llevó inmediatamente al concepto de "notas" (que suena mucho más positivo que "retroalimentación"). Y si por casualidad estás trabajando en la industria del entretenimiento, así seas un actor/actriz, bailarín o cantante, el director del show usualmente se te acercará después de tu show y te dará notas. Estas notas van desde "Tú debes mover las piernas más alto" o "Sonreír más" o "No hablaste de manera positiva" o "Necesitas cambiarte de lado en el escenario más rápidamente." Los miembros del reparto o empleados de entretenimiento están acostumbrados a la retroalimentación y la esperan. No es considerada una revisión de desempeño, únicamente una retroalimentación en "tiempo real". Se entiende como parte del trabajo: Yo estoy recibiendo notas porque estoy actuando. Siempre hay algo que puedo hacer mejor, y el director está ahí para ayudarme a hacer eso. En la industria del entretenimiento, la retroalimentación es una parte consistente y legítima de la cultura. ¿Cómo replicamos esto en nuestras organizaciones? ¿Cómo podemos crear una cultura de positividad alrededor de la retroalimentación--aún la retroalimentación negativa--- haciéndola algo que ocurra regularmente y rutinariamente en vez de un escenario catastrófico?

Con lo que estamos luchando

Primero, mucho de la fuerza laboral de hoy fue levantada con retroalimentación positiva sin importar el desempeño. Si alguna vez te has sentado a los lados de un evento deportivo juvenil, entenderás a qué me refiero yo. Es todo positivo, todo el tiempo. No hay duda por qué tanta gente tiene un momento difícil para aceptar una retroalimentación negativa-- nunca la han oído antes.

Si creciste con padres sobreprotectores que no sólo supervisan todo lo que hacen sus hijos, sino que también remueven todos los obstáculos, tu, también tendrás un tiempo difícil para recibir retroalimentación o estar en el lado perdedor de la decisión. Yo una vez me topé con una empleada del programa universitario de 23 años, que estaba sorprendida de no haber sido seleccionada para ser una Entrenadora de Disney (un escalón más que el papel de primera línea). Yo le recalqué que estaba bien, ya que ella era todavía nueva en la compañía y estaba aprendiendo. Su respuesta: "Tú no entiendes. ¡Yo nunca he fallado a nada antes!"

Otra deficiencia de nuestra cultura es que nosotros muy frecuentemente celebramos los resultados en vez de los esfuerzos. Frecuentemente miramos a los resultados positivos como el único criterio para el éxito. Cómo hablé en el Capítulo 2 sobre salud mental, nosotros también miramos frecuentemente el fallar como algo vergonzoso. Así que la gente se pone a la defensiva, y no ve la oportunidad para crecimiento al recibir retroalimentación negativa, lo ignoran, continúan con el mismo comportamiento. ¿No es la definición de enfermedad mental el hacer la misma cosa una y otra vez esperando resultados diferentes?

Finalmente, por nuestra incomodidad al proveer retroalimentación, nosotros frecuentemente arrastramos nuestros pies y dilatamos lo inevitable. Una cosa para recordar: "en la retroalimentación, el silencio hace fracasar." Entre más esperemos, más difícil va a ser el dar y recibir. Si no tratamos el mal desempeño inmediatamente, el empleado creerá que este comportamiento es aceptable y continuará en el cuento de hadas. Antes que lo sepamos, otros emularán los mismos comportamientos y esparcirán información errada. Así es como la cultura organizacional se erosiona subrepticiamente: algunos comportamientos son inaceptables, entonces se les hace "mala cara," eventualmente son "tolerados," y un día son considerados admisibles y práctica común.

De cualquier manera, es nuestro deber como líderes el crear un ambiente donde la retroalimentación es continua, aceptada y valorada. Si vamos a trabajar para ser mejores y operar en una organización de alto desempeño, no hay manera de evitarlo. Llámenlo retroalimentación, notas o lo que sea, pero esta es la vida de la mejora continua.

Cómo Dar con Éxito la Retroalimentación

Antes de Dar la Retroalimentación

Al tener un plan preparado, podemos permanecer racionales cuando las emociones de dar la retroalimentación empiezan a afectar y el cuerpo amigdalino del cerebro responsable por las emociones desencadena nuestra respuesta de pelear-o-huir. Un plan asegura que podamos continuar teniendo una conversación de alta calidad, lógica y efectiva.

Hágase estas tres preguntas:

¿Cuál es la calidad de esta relación? Una tarde yo estaba caminando en el parque con mi gerente de Recursos Humanos y nos topamos con un miembro de reparto de mercadotecnia (empleado de Disney) llamado Jim, esencialmente escondido detrás de su carrito. Yo me acerqué y le di algunas muy claras instrucciones. "Buenas tardes, Jim," le dije. ¿Puedes por favor transportar tu cola a aquí afuera y hablar con algunos de nuestros agradables huéspedes, que están pagando tanto dinero para ver tu bonita sonrisa?"

Jim se sonrió y se puso enfrente del carrito. "Lo siento Dan, me estaba relajando un poquito ahí," dijo él.

Mi director de Recursos Humanos me paró con una mirada preocupada en su cara. "Dan, ¡no puedes decir esto a un miembro de reparto de Disney! ¡Esto es una falta de respeto, y tú no puedes decirle que mueva su "cola!" Él tenía razón. Pero lo que él no sabía es que yo había conocido a Jim hace 20 años en otra área, y teníamos una relación de confianza. Él era uno de mis informantes -- alguien en primera línea que me informaba lo que estaba pasando en el terreno. Jim era un buen miembro de reparto de Disney, y nos respetábamos mutuamente. Unas semanas antes de este día, él me había dicho que yo debería salir de mi "estado de aislamiento" y poner mi cola en el
parque donde estaba la acción. Esto era el nivel en el cual nos comunicábamos el uno con el otro. Obviamente, esto no es algo que yo podía hacer con cualquiera. Yo había ajustado mi comentario basado en nuestro nivel de interacción.

Lo mismo era verdad para mis subordinados directos. Yo tenía un entendimiento mutuo único con cada uno de ellos. El factor de confort y confianza eran extremadamente altos con algunos y promedio con otros. Así que yo siempre evaluaba la calidad de la relación antes para ayudarme a determinar mi estilo de retroalimentación. Como ayuda en este proceso, piense en el nivel de confianza que se tienen mutuamente y si el empleado va a asumir que tienes buenas o malas intenciones. Pregúntese si ustedes han tenido conversaciones similares antes y si hay alguna posibilidad de que el empleado pueda pensar que es algo personal. En general, el pensar el paso a paso de los diferentes enfoques y las posibles reacciones y el tener los puntos claros que se van a charlar evitarán que la conversación se torne difícil.

¿Qué expectativas he establecido? Es importante examinar como hemos comunicado las expectativas de un tema en particular que vamos a tratar. No quiere decir que vamos a cambiar nuestra retroalimentación, pero yo he encontrado que cuando pienso en profundidad sobre las expectativas que he establecido—o no establecido—puedo modular mejor la retroalimentación. A menos que esto sea un problema recurrente, no queremos encontrarnos diciendo, "debiste haberlo sabido." Nuestra responsabilidad como líderes es asegurarnos de crear claridad en cuanto a expectativas en nuestras organizaciones para que nuestros equipos no tengan que adivinar lo que es aceptable e inaceptable.

¿Qué pasará si no proveo esta retroalimentación? Siempre pienso en las consecuencias de no proveer la retroalimentación. Con el paso del tiempo, si no tratamos los problemas de frente, perdemos credibilidad (y eventualmente nuestra habilidad para liderar); nuestra operación se vuelve menos eficiente y productiva; y nuestra cultura organizacional se debilita. Si somos apasionados y serios sobre nuestro trabajo, entonces debemos reunir el coraje para tratar directamente los problemas. Porque si no hacemos nuestro trabajo, ¡la organización contratará a otro que lo haga!

Mientras está comunicando la Retroalimentación

Primero, tenga en mente que la retroalimentación es sobre comportamiento, no el carácter. Puede que tú no apruebes el comportamiento de alguien, pero eso no los hace una mala persona--- solamente alguien que tomó una mala decisión o actúo inapropiadamente. Esto no es un juicio de vida, y no "define" a la persona. Esa persona se salió de la raya. Tú estás aquí para ayudar a corregir su rumbo.

Segundo, encuentra las palabras apropiadas. Cometemos errores al expresarnos muy duramente o muy suavemente. Así como "Goldilocks", debes comunicar justo lo apropiado. Echa las emociones a un lado. Espera hasta que la adrenalina pare de bombear y se cuidadoso con tus palabras y tu tono de voz.

Vamos a mirar a 3 escenarios diferentes y los diferentes enfoques posibles "muy suave," "muy dura," y "justo lo apropiado."

Alguien llega tarde de manera consistente.

- Muy suave: "Yo sé que tienes muchas ventajas y buenascualidades …"
- Muy duro: "Tú siempre estás tarde; ¿cuál es tu problema?"
- Justo lo apropiado: "Yo he notado que estásconsistentemente tarde para nuestras video llamadas. ¿Has notado eso?"

Alguien está frecuentemente interrumpiendo a otros.

- Muy suave: "Tú siempre tienes un gran punto de vista en las reuniones, pero …"
- Muy duro: "Tú siempre estás interrumpiendo en lasreuniones."
- Justo lo apropiado: "Yo he estado observando el fluir denuestras reuniones recientemente, y he notado que frecuentemente interrumpes a otros. ¿Has notado eso?"

Alguien usa Sarcasmos

- Muy suave: "Yo pienso que tienes un gran sentido del humor, pero…"
- Muy duro: "¿Te diste cuenta de que su sarcasmo no es chistoso?"
- Justo lo apropiado: "Yo he notado que en ciertos momentos respondes con humor que me suena como sarcasmo, y no estoy seguro cómo tomarlo."

El encontrar las palabras y el tono apropiados toma tiempo y preparación, pero nos volvemos mejores en esto con la práctica, y eventualmente se vuelve más fácil.

Tercero, obtenga la información correcta. Si no puedes dar soporte a sus comentarios con hechos específicos, no tienes ninguna credibilidad.

El recopilar datos es lo suficientemente fácil cuando está basado en un criterio claramente medible tales como asistencia o ventas. En los roles de liderazgo, sin embargo, los temas pueden ser más subjetivos y por ende más difíciles. Así que sea diligente, y siempre documente todos los percances de los que seas testigo, grandes o pequeños, con consecuencias o sin consecuencias. Cualquiera que sea el tamaño, tú pronto identificará la tendencia. Y cuando la tendencia sea clara, será el momento de meterse en los detalles claves de ese departamento en particular para encontrar dónde está ocurriendo la falla. Lo clave es documentar todo, sin importar qué tan insignificante parezca inicialmente.

Cuarto, asegúrate de que entiendan la retroalimentación que les estás dando. La gente necesita escuchar, entender, y aceptar y cambiar sus comportamientos. ¡Es por eso que se les da la retroalimentación! Así que dales tiempo de procesar, y ayúdales a trabajar a través de las diferentes etapas de internalización. Observa las respuestas verbales, lenguaje corporal y tono de voz de quienes están recibiendo la retroalimentación. Dales oportunidad de responder y de proveer aclaración si se necesita. La idea aquí es asegurarse que te estás comunicando en la misma longitud de onda—distinto a mi primera experiencia con el empleado francés del Estacionamiento de Disney París.

Finalmente, ofrece algunas palabras de consejería. Ayúdales a mejorar. ¿No es esa la idea de todas maneras? Asegúrate de que las expectativas futuras (y posibles consecuencias) sean entendidas; pide a la persona que entregue un plan de acción. La responsabilidad de corregir el rumbo debe recaer en él o ella. Ofrezca algo de entrenamiento adicional y ejemplos de roles contigo o con un colega, si es necesario.

Después de Comunicar la Retroalimentación

Justo cuando pensabas que ya había terminado, te das cuenta qué mucho más tiene que pasar. Puedes haber comunicado el mensaje, pero en unos pocos días o semanas se sabrá si ha sido exitoso. Estás ahora esperanzado en el cambio de comportamiento después de la retroalimentación. Así que has una nota en su calendario, que le recuerde de los ítems por hacer:

- Monitorear a su empleado después de la retroalimentación.
- Provea el entrenamiento que tu acordaste (si es aplicable).
- Comparte comentarios positivos si el comportamiento realmente cambia—o ve al siguiente paso si no hay cambio en el desempeño del empleado.

Puede haber una segunda conversación, una conversación documentada, o un memo para archivar. El proceso debe ser justo y progresivo para darle a la persona la oportunidad de cambiar, pero debe ocurrir un cambio en el comportamiento. Si eso no pasa, eventualmente, la terminación será la solución correcta.

Por cierto, en caso de que te estés preguntando: en ese día temido en París en 1993, yo regresé al lote de estacionamiento para buscar a Jean Pierre. Lo traje de vuelta a mi oficina y esta vez le comuniqué el veredicto en términos nada inciertos: "Vous êtes viré (Usted está despedido)." Al usar los términos correctos en francés, yo le di soporte al veredicto con las razones apropiadas documentadas, y fuimos a la Oficina Administrativa para que entregara su identificación de Disney y limpiara su casillero("locker"). ¡Viva y aprenda!

La Vía Rápida a los Resultados

<<insert rooster icon.png>>

Para una retroalimentación constructiva y efectiva:

- Prepara notas y anticipa reacciones basadas en lo que tú sabes sobre la personalidad de ellos y el nivel de confianza que se tengan.
- Has una retroalimentación normal, no una revisión de desempeño.

- Pregúntate: ¿Cuál es la calidad de nuestra relación? ¿Qué expectativas he establecido? ¿Qué pasará si yo no le doy la retroalimentación?
- Encuentra las palabras apropiadas y ten correcta la información, y asegúrate que la retroalimentación haya sido entendida.
- Sigue los pasos de la post retroalimentación.

Parte 3:

LIDERAR UNA ORGANIZACIÓN

L a inauguración de Walt Disney World en Octubre de 1971 puso a Orlando en el mapa como un destino turístico. Sea-World le siguió rápidamente en 1973 y luego llegó Universal Orlando diecisiete años más tarde. Orlando se convirtió en el destino multi-parque más concurrido del país y las tres empresas competían por LAS reservas y el dinero de los turistas. Walt Disney World atrajo la mayor cantidad de turistas, pero tanto Universal como SeaWorld le seguían los pasos de cerca

Con esto en mente, decidimos no quedarnos quietos. Así, más bien decidimos evaluar nuestro modelo de negocio para determinar cómo podríamos diferenciarnos de la competencia. Nuestros invitados claramente amaban nuestros parques y complejos turísticos, pero una de sus principales quejas era el problema de llegar a y salir de nuestro complejo. ¿Y si hubiese una manera de aliviar ese problema? ¿Cómo podríamos facilitarles la vida a nuestros invitados? Así fue como nació el Expreso Mágico de Disney. En 2005, comenzamos a ofrecer a nuestros huéspedes transporte desde y hacia el aeropuerto de Orlando, así como EL transporte de equipaje hasta su habitación. Les enviábamos etiquetas para su equipaje antes de partir. Una vez ellos registraban sus maletas en el aeropuerto de origen, el equipaje "mágicamente" aparecía en las habitaciones del hotel en Disney. Un autocar esperaba a los huéspedes en el aeropuerto para llevarlos a nuestros centros vacacionales sin maletas de las que preocuparse.

Este fue un gran esfuerzo para Disney y una manera ambiciosa de superar a la competencia. Claramente, los ingeniosos detrás de esta idea habían anticipado que los huéspedes se volcarían sobre este servicio, evitando así el alquiler de vehículos. Sin un vehículo a su disposición, los huéspedes estarían más inclinados a quedarse en Disney, comer en Disney y gastar su dinero en Disney.

Un equipo dedicado había estado trabajando en esta iniciativa durante aproximadamente un año. El plan original era implementarlo en etapas, excluyendo inicialmente el centro vacacional cinco estrellas (el hotel de lujo) del cual yo era el gerente general. Sin embargo, sólo tres meses antes de la fecha de lanzamiento, Disney decidió ampliar esta oferta en todas sus propiedades. Mi equipo y yo tuvimos que entrar en sintonía con poca antelación.

Dado que el centro vacacional cinco estrellas tipo motel se extiende por un kilómetro y medio y ofrece seis veces más habitaciones que el siguiente hotel más grande de Disney, ello representó una nueva gama de desafíos logísticos. Tuvimos que prepararnos para procesar y entregar el equipaje de hasta 5.760 habitaciones, cubriendo distancias significativas y haciendo frente a problemas relacionados con el clima. Reuní al equipo y nos sentamos a trabajar. Primero, tuvimos que asegurarnos de que todos los miembros del elenco del centro vacacional entendieran el beneficio del Expreso Mágico de Disney. Tuvimos que «venderles» la visión y concientizarles de las ventajas para los invitados y, en última instancia, para la organización. En otras palabras, tuvimos que inspirar y galvanizar a las tropas mientras abordamos los desafíos únicos de esa propuesta Cinco Estrellas. Creamos procesos basados en los datos del Departamento de Ingeniería Industrial de Disney. También contratamos personal adicional para que se encargase de la entrega del equipaje. Además, capacitamos a los elencos de la Recepción y Limpieza, ya que se verían afectados directamente. Ordenamos todos los suministros, incluyendo carros de golf y para equipaje, y escáneres para las etiquetas. Preparamos nuestro centro de llamadas para atender preguntas y quejas por equipaje faltante, y trabajamos para integrar la comunicación entre los equipos de Limpieza, Recepción y entrega.

Todos los líderes, incluyéndome, se pusieron el traje y ayudaron en la operación durante las primeras semanas. Queríamos ver de primera mano cómo se desenvolvería el plan. Debo decir que funcionó bastante bien teniendo en cuenta que, con un promedio de tres maletas por habitación, el complejo Cinco Estrellas transportaba aproximadamente 17.000 maletas al día, una cifra comparable con los aeropuertos regionales más grandes de los Estados Unidos. Aun así, con una precisión del 99,9%, nos quedaban faltando diecisiete maletas al final de cada día. Algo con lo que no deseábamos lidiar.

¡Así que había mucho en juego! Monitoreábamos los resultados de cada día y abordábamos los problemas inmediatamente. Presentamos informes tras la implementación de la idea y ajustamos la operación hasta que se integró completamente.

La iniciativa del Expreso Mágico fue un gran éxito para Disney y el Complejo Cinco Estrellas. No pasó mucho tiempo para que nuestros competidores sintieran el impacto. Mientras tanto, la asistencia y estancia en nuestros complejos aumentaron y las encuestas de satisfacción alcanzaron nuevos niveles.

Aquí es donde Disney y otras compañías exitosas se destacan claramente del resto de la manada: demuestran voluntad de *mejorar siempre*. Estas empresas hacen mejoras de forma consistente a una operación que ya tiene el mejor rendimiento, al tiempo que establecen una nueva visión y objetivos para los empleados. Debido al tamaño de Walt Disney World, cada esfuerzo requiere procedimientos complejos y capacitación intensiva, un montón de creatividad y gran comunicación. Además, estas nuevas iniciativas no tendrían éxito si los miembros del elenco de Disney no operasen dentro de un marco claro que les permitiera tomar iniciativa y decisiones. A través de muchos proyectos de este tipo, con los años aprendí de primera mano que todos estos elementos son indispensables para crear una gran cultura y conducir una organización hacia resultados exitosos y sostenibles.

Capítulo 10
Visión Organizacional

S i diriges un equipo, un proyecto, un departamento o una organización entera, debería haber un objetivo ambicioso para el futuro cercano. ¿Estás tratando de convertirte en el líder de tu industria? ¿Comercializar con éxito un nuevo producto? ¿Alcanzar objetivos de ventas? ¿Establecer tu marca en nuevos mercados? ¿Reclutar y entrenar a un nuevo equipo? Independientemente del alcance de tus responsabilidades, la visión debe ser un destino ambicioso para ti y tu equipo, algo por lo que trabajar y que guiará tu estrategia. Cada decisión tomada debe estar orientada a dar un paso en esa dirección y acercarte a ese objetivo.

Es tu responsabilidad en calidad de líder definir esta visión y hacerla vibrante y dinámica, y que no sea sólo una cita polvorienta en un marco en la pared. La visión también es un factor de motivación para tu equipo, algo que tira de su sentido de orgullo y les permite ver las posibilidades a futuro.

He aquí algunas cosas para considerar.

Mantén tu visión simple y memorable.

Cuando hablamos de visión, es fácil sentirse abrumado por las historias de visionarios pasados y actuales: Steve Jobs, Katherine Graham, Mark Zuckerberg, John Rockefeller y Walt Disney (por nombrar algunos). Todos ellos trascendieron sus industrias y dejaron legados para los libros de historia. Todos ellos idearon un producto, concepto o empresa revolucionarios, y desafiaron a toda una industria en el proceso.

Sobra decir que es difícil estar a la altura de líderes trascendentes como estos. Pero no hay necesidad de entrar en pánico. La mayoría de las veces, la visión de tu organización debe ser simple y definir un camino claro hacia el éxito. A veces significa «hacer bien lo que mejor hacemos». En Disney, la visión de nuestro Departamento de Seguridad era «Nadie se puede lastimar», ¡ese es un objetivo ambicioso! No es exactamente algo revolucionario que meciera el eje del Departamento de Seguridad, pero no deja de ser un objetivo ambicioso. Más importante aún, este tipo de visión presenta un camino claro para trabajar y recordar.

Intégralo a tu toma de decisiones.

En 2013, lanzamos My Magic Plus en Walt Disney World. Este nuevo sistema de reservas digitales nos permitió consolidar las llaves de las habitaciones de los hoteles, los pagos y la venta de entradas en una única pulsera RFID portátil. Enviamos las pulseras (que estaban encriptadas con las entradas al parque, FastPasses, reservas y mucho más) a los invitados inmediatamente tras hacer su reserva. Fue un gran salto para Disney, con una inversión de mil millones de dólares. El modus operandi de la iniciativa fue sencillo: «¡Más vale que a los invitados les guste! ¡Más vale que el elenco lo ame! ¡Más vale que funcione!» En otras palabras, «Asegurémonos de que no sea demasiado complejo de operar para los invitados o el elenco, y de que cualquier tecnología que saquemos sea probada y evaluada». Con esto en mente, pudimos solucionar muchos problemas y acortar la curva de aprendizaje para todos. Cuando debíamos crear nuevos procesos, siempre nos preguntábamos: «¿Le gustará a los invitados?» «¿Le gustará al elenco?» y «Gran idea, pero ¿podemos hacer que funcione?»

Esto puede sonar obvio, pero cada decisión organizacional debería acercarte un poco más a tu visión. Frecuentemente, perdemos la noción de por qué estamos en el negocio o lo que estamos tratando de lograr, especialmente cuando las cosas se vuelven muy complejas o toman un largo período de tiempo, y terminamos proponemos nuevas iniciativas o procesos que son contrarios a nuestros objetivos finales. Creamos barreras y limitaciones que obstaculizan nuestra capacidad de hacer crecer nuestro negocio o que impiden que nuestros equipos saquen lo mejor de sí. Cuanto más grande sea la organización, más susceptibles seremos a desviarnos de nuestros objetivos iniciales. Puedo pensar en muchos ejemplos de tareas administrativas y procesos inútiles, y requisitos de aprobación innecesarios que nos ralentizan o, peor aún, nos alejan más del resultado deseado.

Así que mantén tu visión en el primer plano de tu mente en cada decisión que tomes.

Convierte la visión en un propósito común.

La visión de Walt Disney Company fue una vez ser «la compañía de entretenimiento más admirada del mundo». Como si esto no fuera lo suficientemente ambicioso, Bob Iger aumentó aún más las apuestas afirmando que Disney quería convertirse en «la compañía más admirada del mundo». Punto. Al igual que en Disney, una visión amplia es a menudo la creación de un grupo de ejecutivos que persiguen un objetivo puesto de manifiesto al exponer el plan estratégico para los próximos cinco a diez años. Suena ambicioso y seguramente la mayoría de los empleados se enorgullecerán de trabajar para tal organización, especialmente cuando tiene un reconocimiento de marca a la par con Coca-Cola y Apple. Sin embargo, no puedo evitar preguntarme cuántos miembros de nuestro elenco saltan de la cama en la mañana y proclaman: «¡Estoy trabajando para hacer de Disney la compañía más admirada del mundo!» Aparte de la alta gerencia, ¿alguien más realmente encuentra inspiración en esto?

Es difícil cuando tienes poco impacto directo. Si eres el presidente y decides donar $1 millón a los esfuerzos de recuperación en Haití, dar matrícula gratuita a los miembros del elenco que ganan por hora o comprometerte a contratar 10.000 veteranos, llegarás a la primera página de los periódicos. En consecuencia, la estrella de Disney brilla un poco más fuerte y la compañía es cada vez más loable.

Pero, ¿qué pensar de nuestros funcionarios de primera línea que dirigen las atracciones, preparan y sirven comida o limpian las habitaciones de hotel? ¿Acaso están trabajando para hacer de Disney la empresa más admirada del mundo? Por supuesto que lo están, sin embargo, es más difícil para ellos el ver cómo contribuyen a esto. Ellos también marcan la diferencia y, como líderes, tenemos la necesidad de guiarlos e impulsarlos, proporcionándoles un objetivo concreto a seguir. Lo que necesitan es un propósito común. Es mucho más eficaz asignarles a ellos un objetivo que esté a su alcance y que pueda motivarlos para ir más allá de sus responsabilidades laborales en el día a día.

A tu equipo de trabajo bríndales algo que puedan impactar personal y directamente y que ésto dé fruto inmediatamente, debido a que se vuelve algo más alcanzable, los empleados pueden trabajar conjuntamente y resultan tomando posesión y gratificación frente a lo que hacen. En pocas palabras, El propósito común muestra cómo y por qué influyen e impactan en el éxito de su organización. Todos los empleados son importantes y necesitan saber el por qué son importantes.

«Debes brindarle a tu equipo un objetivo tangible, uno que los motive a ir más allá y superar las responsabilidades laborales que tienen en el *día a día*.»

En Disney, los miembros del reparto hacen magia ¡A través de todas sus interacciones, ellos contribuyen a que los turistas tengan una experiencia inolvidable, lo que resulta en el desarrollo de una mejor reputación de la compañía hacia la excelencia! En el momento en que nuestros miembros empiezan su día, llegan a sus labores y reciben a sus compañeros de trabajo y visitantes, siempre tienen esta meta en mente, una meta alcanzable. Así como un rompecabezas de12.000 piezas, cada uno le brinda una pieza a la experiencia de nuestros visitantes.bien seas quien activa o desactiva las atracciones, quien hornea las palomitas de maíz, quien baile en el escenario, actúes en alguna parte del parque y resorts, ayudes con la limpieza del parque, arregles las luces o incluso hagas parte del equipo de jardinería, tú tienes el poder de aportar un pedacito de magia. Si llegase a faltar una pieza del rompecabezas, ésta se vuelve evidente, por lo que los miembros del reparto necesitan tener clara la importancia de su desempeño, ya que ésta resalta. Cada tarea contribuye al "panorama general" y todos los miembros del reparto de Disney— o empleados de tu organización—colectivamente hacen de la visión una realidad. Es nuestro trabajo como líderes conectar todos los puntos para ellos, y de esta manera articular un propósito común convincente, y mostrarles cuán importante es su contribución diaria a la visión global. Algunos dicen que ser un líder es hacer que las personas hagan lo que tú quieres que hagan. Estoy en desacuerdo. Yo creo más bien en el compromiso, más allá del cumplimiento. Cuando los empleados conocen sus roles y cómo contribuyen al resultado final, están comprometidos, y de esta manera es más probable que hagan lo correcto porque quieren y se sienten bien haciéndolo.

Comunica tu propósito común

Cuando me hice cargo del Reino de la Magia, estábamos al final de un proyecto de expansión masiva que incluyó el duplicar el tamaño de Fantasyland e introdujo un nuevo espectáculo de fuegos artificiales. El equipo había vertido toneladas de energía e incontables horas para cumplir con los plazos de este nuevo proyecto. Sentí que el polvo de duendes había comenzado a perder su brillo, y era hora de reiniciar el propósito común de la organización y hacer que los miembros del reparto se entusiasmen de nuevo. Así que me propuse recordarle al equipo que éramos los primeros y sobre todo el "Lugar más mágico de la Tierra" y que el Reino de la Magia es el lugar que le da nombre a la magia de Disney. Es el "primer" parque o el "único" al que los turistas van a visitar (seguramente porque ¡Ninguno tiene semejante castillo!).

Teníamos que asegurarnos de que nuestro propósito común de "¡Creamos magia!" se impregnara en todo lo que hacíamos y todas nuestras interacciones.

En lugar de preguntarle a nuestros empleados: "¿Cómo va tu día?", les preguntamos: "¿Qué magia hiciste hoy?", y nos aseguramos de que el propósito común del Reino de la Magia emergiera en todas las formas de comunicación, como publicaciones internas, saludos telefónicos ("¡Que tengas un día mágico!"), y tableros de anuncios entre bastidores. Puede ser tan simple como modificar la jerga para crear recordatorios constantes.

También produje un podcast semanal de las prioridades de mi equipo, que envié a todos los líderes del Reino de la Magia, sugiriendo que lo compartan con todo el personal. Elegí mis temas para transmitir lo que era una prioridad para mí y debería convertirse en una prioridad para ellos.

Le pedí a todo el equipo de liderazgo que se comprometiera a acceder y apropiarse de la operación y comunicar por qué era importante crear recuerdos mágicos. (Nuestros felices visitantes son fieles y vuelven a visitarnos al Reino de la Magia.) Todos pasamos tiempo en el parque, modelando; reforzando los estándares de calidad; y alentando y reconociendo a nuestros empleados para que hagan que nuestros visitantes se sientan especiales, todo el tiempo transmitiendo nuestro objetivo diario: "Estamos aquí para hacer felices a los huéspedes y superar todas sus expectativas". Durante nuestras sesiones informativas diarias, transmitimos "momentos mágicos" o comentarios de cartas de invitados. Reconocimos a nuestros miembros de reparto que habían sobresalido "Por encima y más allá" y habían promovido el "toque mágico" al destacar a nuestros visitantes y encontrar formas de volver su visita una experiencia más amena.

Después de varios meses, esto produjo los mejores resultados en las encuestas que diligenciaron los invitados, resultados que no habíamos alcanzado en años. Celebramos con nuestro equipo para que todos pudieran ver y apreciar los resultados inmediatos del arduo trabajo del equipo. Los invitados nos decían en voz alta y claro que estábamos cumpliendo con el factor "mágico".

Un líder puede ser un visionario increíble, pero sin articular una visión vendiendo esta de manera convincente al equipo y modelarla a los empleados, puede tener dificultades para alinearse con la visión, aceptarla y finalmente transmitirla. Una visión clara debe permanecer al frente y al centro, y debemos ser firmes al comunicarla.

Reevalúa regularmente tu visión.

Las empresas pueden fácilmente sumergirse demasiado en manejar un negocio diariamente para controlar el pronóstico que se espera. Si tenemos suerte, el viento en nuestra espalda nos empuja en la dirección correcta, pero a veces tenemos que enfrentarnos a los vientos inesperados causados por cambios rápidos que decidimos efectuar. La competencia se expande con la globalización; la tecnología está transformando industrias aparentemente de la noche a la mañana; y el cambio climático está afectando el comportamiento de los consumidores con un impacto a largo plazo. Las grandes empresas, debido a su gran tamaño, burocracia y grupo administrativo, a menudo tienen dificultades para reaccionar rápidamente a las tendencias y el comportamiento de los cambios del mercado, sin mencionar las actualizaciones tecnológicas.

Por lo tanto, debemos tomarnos el tiempo para evaluar nuestra visión y plan estratégico regularmente y realizar los ajustes necesarios. La historia está manchada de empresas que no han podido modificar, recalibrar o incluso renovar sus visiones, y la mayoría se han arruinado como resultado (por ejemplo, Kodak o Blockbuster). Con demasiada frecuencia, los líderes se aferran a una visión que se ha convertido poco realista, desactualizada o demasiado alejada de las actividades cotidianas y en el momento en que se dan cuenta de esto, es demasiado tarde o demasiado costoso tomar otro camino. Como líderes, debemos mantener nuestros ojos en el escenario a largo plazo, y debemos ser valientes al hacer los cambios necesarios. A veces tenemos que cambiar de rumbo, y a veces necesitamos el coraje para cambiar el destino completamente.

La Vía Rápida a los Resultados

Estas son algunas lecciones clave acerca de la visión organizacional:

- Es importante que el liderazgo con experiencia tenga una visión y reevaluación frecuente de esta para la toma de decisiones.

- Crear un propósito común: un *modus operandi* para recordarle a todos y cada uno de los empleados en todos los cargos que pueden contribuir diariamente.

- Premia, reconoce y cuenta historias sobre las formas en que los empleados en tu organización están dando vida al propósito común. Esto les animará a seguir realizando estos comportamientos, y serán modelos a seguir para que otros los emulen.

Capítulo 11
Estrategia

$\mathcal{E}$n los tiempos del viejo oeste en Walt Disney World, cualquier vice-presidente podría lanzar cualquier idea y, si fueran lo suficiente-mente convincentes con su idea, obtendrían la financiación para un nuevo proyecto. No fue la forma más estratégica de tomar decisiones, pero ciertamente enseñó a las personas cómo pensar de forma creativa y contar una historia que fuera convincente. Hoy en día, Walt Disney World se ha vuelto mucho más riguroso en la construcción de una estrategia.

Todos los años completamos un estudio llamado "Evaluación de necesidades". Nosotros evaluamos cada propiedad, hotel y parque a través de filtros como marketing, ventas, resultados financieros, inge-niería industrial, alimentos y bebidas, minoristas y, lo más importante, comentarios de los huéspedes. Con las características específicas de cada visión en mente sobre cada propiedad, examinamos cómo las ofertas se comparaban con las expectativas de los visitantes. Si había alguna brecha, buscamos aliviar las discrepancias con las inversiones y proyectos de capital relevantes. Fácilmente podríamos identificar si necesitábamos capacidad adicional, nuevas atracciones, restaurantes (autoservicio y servicio a la mesa), tiendas minoristas, espectáculos o simplemente instalaciones adicionales de baño.

En el caso del Animal Kingdom, los invitados nos decían, por ejemplo, que era un destino de medio día sin suficientes atracciones. Así que decidimos desarrollar un terreno adicional, Pandora, basada en la película Avatar, y agregamos el espectáculo nocturno "Rivers of Lights" para extender la duración de la estadía. En el Reino de la Magia, necesitábamos un par de ubicaciones más para la zona de comidas, así que abrimos el "Skipper Canteen" en Adventureland. Con este proceso, identificamos no solo necesidades sino también oportunidades de crecimiento y posicionamiento en relación con el resto de Walt Disney World. Pudimos fácilmente eliminar los proyectos favoritos que no pasaron la prueba de hechos y lógica. Todos los departamentos construyeron sus estrategias individuales basadas en el mismo libro, utilizando el mismo formato.

El documento se convertiría en la directriz estratégica para los próximos cinco años. La evaluación de necesidades proporcionó una forma coherente de pensar el negocio en general. Como resultado, sabíamos dónde teníamos que enfocar nuestro dinero y recursos.

En 2011, fuí vicepresidente de Disney's Hollywood Studios, cuando recibí una llamada de Walt Disney Imagineering (WDI), el equipo me informó que John Lassetter, director creativo de Disney y fundador de Pixar, tuvo una idea. Y vaya, fue una excelente idea, se trataba de Monsters ,Inc. ¡Una montaña rusa de puertas! En la "fábrica de gritos" de la película que impulsa Monstropolis donde las puertas se mueven a lo largo de una cinta transportadora, proporcionando a los monstruos un portal para llegar a los dormitorios de los niños. John Lassetter imaginó una montaña rusa en la que se llevaba a la gente a través de las puertas hacia los dormitorios, al igual que los monstruos. ¡Qué idea tan divertida! Seguramente sería una atracción popular.

En la mayoría de las empresas, cuando las personas reciben este tipo de llamadas, ellos lo dan todo. Si uno de los grandes lo apoya y el concepto es convincente, ¿Hay algo más que discutir?, ¡Vamos a construirlo!

Sin embargo, conocía el proceso de Needs Assessment de Hollywood Studios por dentro y por fuera, y lo último que necesitábamos era otra montaña rusa. Debido a que nuestra estrategia había sido examinada a fondo y basada en un análisis sólido, tuve la confianza para hacerles saber con tacto que tanto como todos nos había encantado el concepto, Studios no necesitaba otra montaña rusa. "Pero, Dan, ¡lo escuchaste! " ellos dijeron. "¿Qué tan genial sería esa atracción en tu parque?" Sí, sería realmente genial, pero nuestro "Assessment"(Valoración) nos arrojó un camino distinto. En ese momento, en los Studios había un total de dos atracciones familiares: The Great Movie Ride y Toy Story Midway Mania. Cualquier otra atracción en el parque tenía un requisito de altura (como en Aerosmith Rock 'N' Roller Coaster, Twilight Zone Tower of Terror y Star Tours) o era un espectáculo escénico. En todo caso, necesitábamos más paseos familiares que atrajeran los niños más pequeños. La herramienta de evaluación de necesidades (Needs Assessment) eliminó los proyectos favoritos y se aseguró de que no nos desviaríamos de nuestros objetivos finales.

Derecha o izquierda

La estrategia surge de la visión que has creado para tu organización, de alguna manera ésta define cómo tus sueños se harán realidad. Crea un camino claro hacia el éxito e identifica cada escalón para llevarlo a este ambicioso objetivo. Éste es el desafío al que nos enfrentamos como líderes: Por un lado, tenemos que ser creativos y visualizar las posibilidades de nuestro futuro, y por el otro, tenemos que usar el pensamiento racional para construir una estrategia. Muchos líderes luchan con esto porque une el pensamiento creativo (el lado derecho del cerebro) con lógica (el izquierdo). Todos tenemos un lado dominante guiando nuestros pensamientos y decisiones. Esto probablemente explica por qué la mayoría de las empresas dinámicas suelen estar dirigidas por un dúo de un líder visionario y un líder con mentalidad empresarial. Piensa como en el caso de Walt Disney y su hermano Roy: Walt era el soñador que constantemente miraba hacia el futuro con nuevas ideas e innovaciones. Roy era el líder en tierra, una especie de contador de fríjoles que se aseguraría de que la empresa no quebrara en el proceso.

Instintivamente sabes si el lado izquierdo o derecho de tu cerebro influye más en tu pensamiento, y puedes compensarlo rodeándote con socios que aportan el enfoque opuesto. Mientras construyes tu estrategia, debes dar voz a los socios que piensan de manera diferente. Es tentador rodearse de personas que dicen "sí" a todo para validar tu propia forma de pensar, pero crear una visión y construir una estrategia sólida requiere tener razonamiento complementario.

Tácticas y Estrategia

La estrategia es una declaración sencilla que define tu plan de acción para un departamento, mientras que las tácticas son el resultado de decisiones secuenciales. Si nuestra estrategia fuera el traer una emocionante atracción adicional al Reino de la Magia, por ejemplo, las tácticas incluirían identificar la propiedad intelectual, la tecnología de conducción, la capacidad necesaria, la ubicación y el capital necesario y cada uno sería asignado a su vez al departamento correspondiente.

Inevitablemente, tendríamos que considerar múltiples opciones. Aquí hay una herramienta sencilla que me ayudó a evaluar el riesgo y comparar cada alternativa. Puedes crear y completar una cuadrícula como esta al evaluar el riesgo en tu organización. Usé diferentes colores (rojo, amarillo y verde) para identificar el impacto de cada opción en nuestros criterios más importantes. Rojo significaba la opción que tuvo un impacto negativo. El amarillo significaba que el impacto fue neutral.

Verde significó que la opción tuvo un impacto positivo. Al final, di un puntaje general, nuevamente usando rojo, amarillo y verde.

Si bien el ejercicio es mucho más efectivo usando colores, utilizo caras para exponer mi punto aquí porque el libro no está impreso en color. En este caso, sonrisa = verde, neutral = amarillo y fruncir el ceño = rojo.

EVALUACIÓN DEL RIESGO POR CATEGORÍA Y COLOR

Categoría	Clientes	Empleado	Financiero	Operativo	Relaciones Públicas	En general
Opción 1	🙂	🙁	😐	🙁	😐	🙁
Opción 2	😐	🙂	🙂	😐	🙂	🙂
Opción 3	😐	🙂	🙂	🙂	🙁	😐

*Puede añadir/restar categorías adicionales para calificar el riesgo.

Este tipo de razonamiento nos brindó una manera fácil de evaluar cada opción y comprender cómo cada uno se compara en costo e impacto en nuestras relaciones públicas. Obviamente, tus criterios diferirán según tu actividad. En el ejemplo anterior, la Opción 2 obtuvo la puntuación más alta con respecto a su impacto en nuestros criterios importantes.

En aras de la coherencia, también me pareció relevante integrar las diferentes opciones con nuestros estándares de calidad para ver si cada alternativa individual promovería la Seguridad, la Cortesía, el Espectáculo y la Eficiencia (más en estos estándares en el próximo capítulo).

EVALUACIÓN DEL RIESGO POR CATEGORÍA Y COLOR

Categoría	Seguridad	Cortesía	Espectáculo	Eficencia	En general
Opción 1	🙂	🙁	😐	🙁	😐
Opción 2	😐	🙂	🙂	😐	🙂
Opción 3	😐	😐	🙂	🙂	🙁

Esto me proporcionó una chispa instantánea y creó un camino claro para el proceso de toma de decisión. En este ejemplo, la Opción 2 fue la clara elección, ya que obtuvo el puntaje más alto con respecto al impacto en cada uno de los criterios importantes y el avance de nuestros estándares de calidad.

Es cierto que nunca tomé una decisión por mi cuenta. Yo confiaba mucho en mi equipo y los animé a ser críticos y desafiar mi pensamiento. Al discutir nuestra estrategia, siempre quise que alguien fuera el abogado del diablo y sacar a relucir todos los obstáculos y fallas de nuestro plan de acción. Tú puedes asignar intencionalmente ese rol a alguien en la mesa y hacer que se planteen todas y cada una de las objeciones. Cuando das permiso para hacer comentarios críticos, tú y tu equipo pueden prevenir de manera eficaz los errores y anticipar barricadas.

La Vía Rápida a los Resultados

Construye un plan estratégico:

- Tómate el tiempo para alejarte de la rutina diaria de ejecutar tu negocio y pensar en las necesidades a medio y largo plazo a través de los filtros de las necesidades financieras, de los emplea-dos y de los clientes.
- Utiliza un método de evaluación de necesidades (Needs Assessment), fortalezas, debilidades, análisis de oportunidades y amenazas (DAFO) u otra herramienta para evaluar tu organi-zación y que ayude a determinar las necesidades.
- Incluye tantos departamentos como sea posible para contribuir a tu plan estratégico.
- Da permiso para criticar el proyecto (o iniciativa) con el fin de descubrir desafíos.
- Actualiza su plan anualmente y consúltalo con frecuencia cuando consideres nuevos proyectos para asegurar la alineación.

Capítulo 12

Estándares de Calidad

La familia López se encuentra en unas esperadas vacaciones en Walt Disney World. Es el viaje de su vida para esta familia multigeneracional de seis: mamá, papá, los tres hijos y la abuela de 79 años. Los niños se la pasan jugueteando felices mientras mamá y papá se turnan para empujar a la abuela, que usa silla de ruedas. Ella es sana, pero tiene mal equilibrio y se cansa fácilmente.

Se acercan a Spaceship Earth en Epcot y aparcan la silla de ruedas en el espacio designado. La abuela camina unos metros para acercarse a la zona de carga. Esta zona consiste en una pasarela móvil que se adapta a la velocidad de los vehículos que viajan en la Spaceship Earth, lo que permite al viajero subir con seguridad. La miembro del elenco a cargo en el área, Katie, evalúa rápidamente la movilidad de la abuela. El proceso de embarque a la atracción requiere un poco de coordinación, y existe un ligero riesgo de que la abuela pierda el equilibrio. ¿Qué pasa en esta situación?

Katie detiene inmediatamente la atracción para que la abuela pueda abordar con seguridad. Esta decisión sin duda aumentará el tiempo de espera para los demás visitantes ansiosos que han estado esperando pacientemente en fila.

Las personas que se encuentren a bordo del Spaceship Earth, mientras tanto, tendrán su experiencia de viaje interrumpida temporalmente y serán "devuelto a la Tierra" por un mensaje de seguridad que les pide que "permanezcan sentados hasta que se pueda reanudar el viaje".

Sin embargo, a pesar del proceso de abordaje a la atracción, el aumento del tiempo de espera, y la interrupción del show, nuestra funcionaria no dudó en tomar esta decisión rápida. ¿Por qué? Porque fue entrenada para operar dentro de un preciso marco de situaciones que le permite tomar decisiones improvisadas. En todo momento, un conjunto específico y claro de reglas guiaron su actuar: los estándares de calidad de Disney:

Seguridad, Cortesía, Espectáculo, Eficiencia.

En este caso particular, Katie se dio cuenta de que algo podría tener que ser comprometido para garantizar la seguridad. Pero su formación y el ranking de prioridades de los estándares de calidad la preparó para esta misma situación.

¡Ten estándares de calidad o fracasarás!

Los líderes de Disney seleccionaron cuidadosamente los estándares de calidad, o Four Keys, del éxito de la empresa de lo que los visitantes esperaban de la organización. Si tuviera que encuestar a los invitados sobre por qué eligieron Disney, la vasta mayoría clasificaría la "Cortesía" como su factor decisivo. A ellos les encanta la alegría de los miembros de reparto por lo sonrientes y amables, así como la limpieza del lugar. Además, los invitados elogian los espectáculos, los fuegos artificiales y la atención a detalles, y siempre disfrutan de una experiencia fluida y procesos sencillos. En cuanto a la seguridad, los invitados rara vez lo mencionan, ya que se considera un "hecho". Sin embargo, la organización de Disney eligió hacer de la seguridad un estándar de calidad debido al gran volumen de visitantes y la complejidad del parque temático y sus operaciones. Además, ¡Ninguna de las delicias de vacacionar en Walt Disney World sería posible si la seguridad se viera comprometida de alguna manera!

Según estos hallazgos, el nivel de servicio de Disney tiene como objetivo proporcionar cuatro estándares: Seguridad, Cortesía, Espectáculo y Eficiencia en cada interacción. Cuando se trata de encontrar un destino turístico, los visitantes pueden esperar estos cuatro estándares de calidad, esto hace su elección fácil y sencilla.

La ventaja para los líderes también es simple: cuando los empleados de primera línea como Katie están completamente preparados para tomar decisiones improvisadas y abordar todos los escenarios posibles, los líderes pueden delegar la toma de decisiones procesar y ejecutar una operación más eficiente y confiable.

Clasifica tus estándares en orden de prioridad.

Historias similares a las de la familia López se reproducen muchas veces al día en Walt Disney World. Si has ido a un encuentro con un personaje, probablemente habrás notado que la linea puede ser bastante larga. Cuando tus niños finalmente conocen a Mickey en persona, un fotógrafo de Disney está a la mano para capturar el momento mágico, que puedes comprar en línea por $15,99. Sin embargo, también puedes usar tu propia cámara y miembros del reparto a menudo se ofrecerán a tomar la foto ellos mismos para que puedas ser incluido en la toma. ¿Por qué? Debido a que la cortesía reemplaza a la eficiencia en la lista de estándares, incluso cuando retrasa todo el proceso y reduce el fondo de Disney. La cortesía es un compromiso que Disney ha hecho fundamental con sus huéspedes en cualquier lugar y siempre que sea posible. Es lo que genera la lealtad de los huéspedes y es un factor de decisión cuando llega el momento de reservar unas vacaciones. Incluso si nuestros visitantes no saben los estándares de calidad de Disney, los visitantes recuerdan específicamente cómo se sintieron cuando un empleado de nosotros sacrificó la eficiencia (y la rentabilidad) a favor de la "Cortesía" y, a la larga, esta inversión rinde grandes dividendos.

La empresa seleccionó y clasificó cuidadosamente estos estándares de calidad en orden de prioridad para facilitar el proceso de toma de decisiones. Todos los miembros del elenco los conocen y cuando se le solicite, los enumerarán en orden de importancia:

Seguridad, Cortesía, Espectáculo y Eficiencia.

¡Todo se trata de la actitud!

Volviendo a la situación de la familia López: Katie, nuestra miembro del elenco, supo de inmediato cuál estándar era el que tenía que venir primero. Los visitantes en espera probablemente se estremecieron ante la demora y le dieron al empleado un momento irritación. Asimismo, los visitantes que abordaron a la atracción, experimentaron un espectáculo interrumpido, pero, si un accidente hubiera ocurrido con la abuela, las consecuencias habrían sido mucho peores. Nuestra trabajadora no necesitaba llamar a un jefe o preguntarle a sus compañeros. El primer día de su entrenamiento, Katie aprendió la importancia de las "Cuatro Claves" como esenciales para la interacción con cada huésped. Lo que me lleva al siguiente punto: tener estándares de calidad es vital para el éxito de cualquier organización, pero solo marcará la diferencia si los comportamientos de apoyo se definen de forma clara y sencilla, durante tres razones principales.

Primero, no tendría sentido decirles a los empleados que demuestren estándares de calidad si la aplicación de estos comportamientos se dejase a su interpretación. Quién sabe, por ejemplo, ¿dónde está su umbral de "seguridad" personal?, ¿Qué hacen ellos que para ellos se considere un comportamiento "cortés"?,

¿Cuál es su interpretación de "Show?" Y pueden carecer de perspectiva para evaluar qué es "eficiente". Así que depende del líder y la organización en ser claros y presentar los detalles de lo que es apropiado o no.

En segundo lugar, los estándares de calidad se traducen de manera diferente a un departamento y a otro. En una tienda minorista, la seguridad puede requerir que los empleados doblen sus rodillas al levantar objetos pesados, o para evitar un rociador de agua al guardar cajas. En la sección de alimentos y bebidas, el lavado frecuente de manos es esencial para mantener los requisitos de higiene alimentaria. En el departamento de Recursos Humanos, la seguridad implica que toda la información de los empleados se mantenga confidencial. En el departamento de TI (Tecnologías de la información), queremos asegurarnos de que el sistema no pueda ser hackeado, y así sucesivamente.

Por último, pero no menos importante, comunicar expectativas de comportamiento específicas es esencial en la actual diversidad de fuerza laboral que existe. Durante mi carrera, he aprendido que diferentes culturas pueden tener interpretaciones bastante diversas cuando se trata de comportamientos de servicio. Como vicepresidente de Epcot, yo tenía la responsabilidad singular (aunque muy gratificante) de gestionar el World Showcase de once países diferentes. No solo tuve que ser consciente de la sensibilidad de cada nacionalidad, sino que también comprendí su singularidad y las características propias de su cultura. Por ejemplo, los miembros del elenco japonés nunca dirán directamente "no" a una solicitud y puede participar en largas propuestas alternativas que pueden desconcertar a un cliente estadounidense. Los miembros del elenco japonés tienen un profundo sentido de la hospitalidad y brindan un excelente servicio al cliente. Sin embargo, abordar situaciones únicas y proporcionar improvisaciones personalizadas puede resultar más complicado si no tienen las directrices claras. Los empleados chinos, por ejemplo, tienen una tolerancia diferente al espacio interpersonal y tienden a pararse muy cerca de las personas en lugares públicos. Mientras tanto, los empleados latinos (mexicanos, italianos) son muy demostrativos y están inclinados a hacer contacto físico al comunicar su cuidado y cariño. Algunos estadounidenses piensan en camareros y camareras francesas como distantes o irrespetuosos por lo directos que son. (¡Una solicitud inusual puede ser atendida de inmediato con un rápido "C'est pas possible!"). Un camarero francés ha sido capacitado para ser eficiente y discreto, nunca interrumpir una cena y, lo que es más importante, nunca llevar la cuenta de cobro a menos que se haya solicitado.

Cualquiera de los comportamientos anteriores puede caer fuera del ámbito de lo que los estadounidenses considerar cortés. Si bien es apropiado en sus respectivos países, descubrí que tales comportamientos no se alineaban con la comprensión y las expectativas de la clientela estadounidense, sin mencionar el enfoque de Disney al servicio. Con esto en mente, se hizo imperativo que definamos los comportamientos específicos que respaldan los estándares de calidad que habíamos establecido. Nos aseguramos de que estos comportamientos detallados se transmitieran a nuestros empleados durante su formación.

El ingrediente crítico para seleccionar e implementar con éxito los estándares de calidad radica en los detalles. Primero, comprende exactamente lo que los clientes esperan; Luego, clasifica los estándares de calidad en orden de prioridad para permitir una rápida toma de decisiones; finalmente, proporciona los comportamientos precisos esperados de tus empleados de primera línea mediante una amplia formación, reconocimiento, y coaching.

La Vía Rápida a los Resultados

Estas son lecciones clave sobre estándares de calidad:
- Crea estándares de calidad que tengan sentido para tu organización y reflejar las expectativas de tus clientes o invitados. Ellos deben ser relevantes y priorizados en su orden de importancia.
- Una vez que hayas establecido tus estándares de calidad, observa cada función en tu organización y con esto puedas

determinar los comportamientos específicos que están obligados a realizar.

- Asegúrate de que tus estándares de calidad permeen todas las decisiones que se lleven a cabo en tu organización.
- Incorpora tus estándares de calidad y comportamientos consiguientes en tu programa de formación, así como todas las formas de reconocimiento y evaluación del desempeño.

Capítulo 13

Capacitación

En 2006, terminé mi trayectoria de seis años en la parte hotelera de Walt Disney World y regresé a los parques temáticos, específicamente como Gerente General de Merchandising para el Reino de la Magia. Recurrí a mi libro de jugadas «probadas y seguras» para cuando tomaba un nuevo empleo y comencé a capacitarme en todas las áreas de la operación de Merchandising. Mi objetivo era poder entrar a Emporio, la tienda en Main Street, USA, responsable del 25% de las ventas de mercancía del Reino de la Magia, y ser capaz de correr a una caja para ayudar durante los tiempos de alta actividad.

Durante la capacitación me sumergí en el negocio de las ventas al por menor: dónde encontrar mercancía, cómo procesar un reembolso o cambio, cómo cerrar caja al final del día... Conocí los diferentes puntos de venta, a los miembros del elenco y líderes de todas las áreas de Merchandising del parque. Identifiqué nuestras fortalezas y oportunidades de mejora en el camino. También pude evaluar el proceso de formación de los nuevos miembros del elenco de Merchandising. ¡Nada es más valioso y revelador que recibir experiencia de primera mano!

Al final, completé una encuesta sobre mi experiencia durante la capacitación, como hacen todos los nuevos miembros del elenco.

Ahora avancemos seis meses. Estábamos teniendo problemas con las calificaciones de satisfacción de nuestros huéspedes con el Merchandising. Leí las respuestas de la encuesta e intenté encontrar dónde nos estabamos quedando cortos. Una calificación particular me llamó la atención: «¿El miembro del elenco con quien interactuaste fue amable y servicial?» La puntuación era más baja de lo que pensaba que debería ser.

Caminaba regularmente por el área y observaba que nuestros empleados saludaban a los invitados cuando entraban en las tiendas. Los miembros del elenco sonreían, prestaban atención a los niños y, en general, eran atentos. Pensé en mi propia capacitación y me sentí bien sobre la forma en que mi entrenador había ejemplificado las expectativas de acuerdo al rol: era amable con los invitados y se involucraba siempre que era posible. Entonces, ¿qué nos faltaba? En busca de una respuesta, fui a hablar con Kalissa, una de nuestras superestrellas líderes de Merchandising y una excelente socia en la generación de ideas. Compartí mis hallazgos con ella y pedí su opinión. Obviamente, Kalissa había estado pensando en ello también. «Dan, ¿crees que ser amable y servicial es lo mismo?» Supe de inmediato que tenía algo entre manos.

Diseña la capacitación basándote en la experiencia que tu cliente espera

Muy a menudo construimos programas de capacitación que se basan exclusivamente en lo que requiere la operación: cómo manejar una caja, cocinar alimentos, conducir un vehículo o limpiar una habitación y nos olvidamos rápidamente el resultado. En la situación anterior, nos centramos mucho en crear una interacción correcta entre el empleado y los invitados, pero no necesariamente en preparar a nuestro elenco para ayudar a encontrar el artículo que los clientes querían comprar. Nos dimos cuenta de que estábamos capacitando a nuestro elenco para ofrecer Cortesía, pero omitimos la capacitación para la Eficiencia. El elenco no sabía dónde encontrar productos agotados o cómo sugerir alternativas y los invitados se frustraban en el proceso.

A medida que nos ocupamos del tema, nos dimos cuenta de que nuestros invitados reconocían que éramos «amigables», pero no consideraban a nuestro elenco «servicial», de ahí la mala calificación. El proceso de capacitación no logró coincidir con las expectativas de los huéspedes respecto del servicio. También nos dimos cuenta de que carecíamos de las herramientas adecuadas para que los miembros del elenco prestaran ese servicio en primer lugar. Claramente, a nuestro programa de capacitación le faltaba el componente clave de lo que nuestros huéspedes esperaban. En última instancia, cerramos la brecha y equipamos nuestro elenco con iPads para que pudieran rastrear los productos y ayudar a los huéspedes a encontrar sus codiciados recuerdos.

Esta experiencia fue una profunda revelación de los requisitos de un programa de capacitación exitoso: cuando se hace bien, debe dotar a los aprendices con todas las herramientas necesarias para prestar el servicio en función de las expectativas de los clientes. En cuanto a la realización de encuestas a los huéspedes, tenemos que hacer preguntas puntuales para obtener una retroalimentación realista y holística.

Diseña un proceso de capacitación integral

Cuando concentramos demasiado el proceso en la parte técnica de la tarea, el aprendiz tiende a olvidarse de lo que se supone que debe lograr. En Disney, ese objetivo era crear magia.

Una manera efectiva de construir un gran programa de capacitación es entregar la información a través del filtro de nuestro propósito común y

estándares de calidad. Por ejemplo, antes de manipular alimentos, los empleados de Alimentos y Bebidas deben lavarse las manos durante el tiempo que
tome cantar el «Feliz Cumpleaños». Si yo fuera el capacitador, lavaría mis
manos, luego haría que los aprendices lavaran las suyas para afianzar el conocimiento técnico y luego les recordaría sobre la Llave de seguridad, lo cual
debería imprimir en ellos la importancia del lavado de manos.

En Disneyland Paris, el equipo que capacitó al elenco para conducir
los vehículos en Main Street tuvo un gran enfoque. El primer día de
entrenamiento se centró únicamente en los roles de los miembros del
elenco como ciudadanos de Main Street: cómo interactuar con los huéspedes (como parte de nuestro estándar de Cortesía); cómo crear juegos y
momentos mágicos para los niños, la historia de Main Street y los detalles
de los carros antiguos que conducían (como parte de nuestra Puesta en
Escena). En otras palabras, aprendieron toda la historia de la escena en
la que desempeñarían su papel. Los dos días siguientes se centraron en el
aspecto técnico y de procedimental del cargue, descargue y conducción
de los vehículos (como parte de nuestros estándares de Seguridad y Eficiencia). El diseño de la capacitación del primer día enfatizó la importancia de entretener a los huéspedes—su propósito común - mientras
que la capacitación del segundo y tercer día enfatizó cómo operar los
vehículos— su papel.

Con las habilidades técnicas, la precisión importa.

Mandar al ruedo empleados no capacitados es injusto, dañará su confianza en los primeros días de trabajo y podría poner a tu organización
en riesgo. Cuando hablaba con los nuevos empleados durante las mesas
redondas, a menudo oía hablar sobre la discrepancia entre la capacitación
que acababan de recibir y lo que realmente ocurría en la operación.

Había dos posibles razones para ello: o bien la guía de capacitación
estaba obsoleta y por tanto era irrelevante (los manuales no siempre se
actualizan oportunamente), o el instructor creía que el procedimiento

documentado no era la mejor o más eficiente manera de ejecutar la labor y capacitaba «a su manera». Esto puede tener consecuencias terribles.

Toma el proceso de «bloqueo con etiqueta» como ejemplo. Cada vez que el Departamento de Ingeniería trabajaba en un equipo, se les exige que bloqueen el interruptor con un candado. Esto tiene por objeto evitar la activación del interruptor durante los trabajos de mantenimiento, lo que podría provocar electrocuciones. Imaginemos que debido a que «bloquear» implica tiempo extra de trabajo, y como nadie nunca se ha electrocutado, ahora se ha convertido en una práctica común más bien simplemente pegar una nota en el interruptor. Los nuevos empleados, siempre dispuestos a emular a los empleados antiguos, empiezan a adoptar la misma práctica. Entonces, un día, la nota se cae, alguien gira el interruptor y activa la energía sin saber que alguien más está trabajando en esa línea. Este es un ejemplo extremo con consecuencias extremas, pero así es como las medidas de seguridad se deterioran gradualmente. Como líder, debes asegurarte de que tus capacitadores y los empleados de la operación entiendan que solo hay una forma de ejecutar cualquier procedimiento. Si algo se puede mejorar o hacer de manera más eficiente, está bien, que se envíe para aprobación y cambio de documentación y que así se haga de manera diferente. Pero la lección aquí es que debes insistir en la consistencia absoluta entre el proceso de capacitación y lo que se hace en la operación.

«Lo único peor que capacitar a tus empleados y perderlos es no capacitarlos y retenerlos»
—Zig Ziglar

Evalúa competencias.

La etapa final de cualquier proceso de capacitación debe confirmar que el aprendiz ha aprendido y entendido plenamente toda la información necesaria y, lo que es más importante, que es capaz de ejecutar las diversas tareas. Alguien independiente al capacitador, preferiblemente un líder, debe realizar esta evaluación.

En Disney, esto lo llamamos KAPas (Evaluaciones de Conocimiento y Evaluación del Rendimiento - por su sigla en inglés). Al final de la capacitación, el entrenador programa un espacio para que el aprendiz y el líder de primera línea se sienten a discutir el proceso de capacitación.

Primero, el líder hace al aprendiz preguntas con base en el manual de la capacitación.

Por ejemplo:

- «Dime cómo hacer un reembolso.»
- «Si ves a un huésped o miembro del elenco acostado en el suelo, ¿qué haces?»
- «Si escuchas un ruido extraño mientras despachas en tu atracción, ¿qué haces?»
- «¿Cuál es el saludo para este lugar?»
- «¿Qué haces si encuentras a un niño perdido?»
- «Nombra los alérgenos que debemos tener en cuenta en Alimentos y Bebidas».

Como puedes ver, algunas de las preguntas eran específicas al papel que el miembro del elenco iba a desempeñar, mientras que otras eran procedimientos para todos los empleados del parque, independientemente de su asignación.

Luego, el miembro del elenco se somete a una evaluación de desempeño, donde se le pide demostrar que ha aprendido los procesos pertinentes (es decir, cómo hacer un reembolso). El líder lo observaba trabajar por un tiempo corto para confirmar que entiende cómo desempeñar su papel. Es un buen momento para que el líder proporcione comentarios adicionales de ser necesario.

A veces, el resultado de la evaluación de conocimiento/desempeño resultaba en otro día de capacitación, o, en casos raros, en el traslado del miembro del elenco a otro rol. En la mayoría de los casos, el líder daba al miembro del reparto su visto bueno para que este pasara a desempeñarse de forma independiente. El miembro del elenco recién capacitado también daba cuenta de la finalización de su capacitación. Esto formalizaba el proceso y ayudaba al nuevo miembro a entender la importancia de su rol.

En cualquier organización, todos los empleados deben ser reevaluados regularmente sobre los comportamientos y procesos aprendidos en su capacitación. Esto puede parecer un paso lógico, pero muy a menudo es un paso que se descuida. Al igual que en el ejemplo del interruptor, encontré múltiples discrepancias que poco a poco iban apareciendo entre lo que se había impartido durante el proceso de capacitación y el quehacer diario de la operación. Todos adquirimos malos hábitos con el tiempo. Piensa en la frecuencia con la que olvidas poner la direccional al conducir. Fuiste entrenado para usarla, pero te confías y eventualmente te vuelves negligente. Es lo mismo en las empresas. A menudo, los empleados experimentados han desarrollado malos hábitos que se convierten en el modelo a seguir.

Sin darte cuenta, los nuevos aprendices empiezan a emularlos. Cualquiera que sea el proceso de evaluación que utilices (auditorías con líderes, evaluaciones o programas de compradores incognitos, por nombrar algunos), debes examinar los comportamientos y evaluarlos en función de la capacitación impartida.

La Vía Rápida a los Resultados

Los mejores programas de capacitación se desarrollan teniendo en cuenta las siguientes consideraciones:

- La capacitación es una inversión, no un costo. Asegúrate de que sea detallada y exhaustiva.
- La capacitación debe basarse en los requisitos técnicos del rol, así como en las normas de calidad y los comportamientos correspondientes.

- La capacitación debe estar alineada al proceso, desde las directrices operativas estándar y el material didáctico hasta la impartición y evaluación de la capacitación. Si tu empresa cambia un procedimiento o norma, todas las partes del proceso deben reflejar ese cambio.

Capítulo 14

Desarrollo

Mientras me preparaba para dejar Disney en marzo de 2018, la compañía ya tenía alrededor de media docena de candidatos para mi puesto, gracias a su gran programa de desarrollo y preparación constante para el futuro. La compañía pronto nombró a Jason Kirk como mi merecido sucesor, quien originalmente fue un ingeniero industrial con mucha experiencia en el parque como gerente general. En ese momento, Jason era el vicepresidente de Transporte de Walt Disney World y había expresado interés en pasar a un puesto de vicepresidente del parque. Esto permitió una selección rápida, y Jason y yo pudimos trabajar juntos en la transición antes de mi partida. Un proceso de desarrollo tan eficaz requiere disciplina y pensamiento futuro para mantenerse.

El Juego a Largo Plazo

Desarrollo no es lo mismo que capacitación. Mientras que la capacitación imparte habilidades que benefician inmediatamente a la organización, el desarrollo permite que el individuo crezca con el pasar del tiempo.

Al igual que con un jardín, siembras una semilla y la fertilizas con oportunidades de desarrollo en forma de capacitación, tutoría y rotación en los puestos de trabajo y la dejas que florezca. Con el fin de mantener a las personas felices, satisfechas y comprometidas, los líderes necesitan dar a los miembros de su equipo la oportunidad de ampliar sus conocimientos y avanzar en sus carreras. En últimas, el desarrollo del personal asegurará el bienestar de tu organización. A medida que surjan oportunidades, deberás tener un grupo de empleados que estén listos para dar un paso adelante porque has cultivado su potencial.

Nuestra meta en Disney era tener una lista de sucesores para cada puesto ejecutivo y directivo en la organización, lo cual no es una tarea fácil. Manteníamos esta lista actualizada de manera tal que pudiéramos revisarla y considerar algunos de esos candidatos para asegurar una transición rápida cuando alguien saliera o fuera ascendido. Mientras tanto, preparábamos a los posibles sucesores con nuevas experiencias, clases y otras oportunidades enriquecedoras.

Líderes Emergentes

Para ocupar los puestos de nivel superior en Disney, también identificábamos e informábamos a los candidatos prometedores que entrarían en el grupo de «Líderes Emergentes». Constantemente les brindábamos oportunidades de ampliar sus conocimientos sobre toda la organización, durante meses o incluso años. Mi consejo a los líderes jóvenes y prometedores siempre fue el mismo: Sé curioso, aprende, aprende, aprende y recuerda que no se trata solo de a quién conoces, sino, principalmente, de quién te conoce, así que procúrate tanta exposición como sea posible. Conoce gente, trabaja como voluntario en nuevas tareas y desafíate a ti mismo saliendo de tu zona de confort. Una vez formalizado el proceso de selección de líderes, requeríamos a los candidatos asistir a ciertas clases para prepararse para los roles.

Sentí una gran satisfacción al ver a los líderes que habían comenzado desde abajo en uno de mis equipos avanzar en la organización. Siempre consideré el desarrollo de líderes como una prioridad y esperaba que fuese un reflejo de mi estilo de liderazgo. También sabía muy bien que mis subalternos directos que mostraban un alto rendimiento se irían si no se les daba la oportunidad de avanzar. Además, era mi manera de devolver el favor que se me había concedido durante veintiséis años de trayectoria, pasando por los diecinueve puestos diferentes que siguieron desde mi primer puesto como asistente de estacionamiento en Epcot.

El Desarrollo Como Objetivo de Desempeño

El desarrollo era un proceso continuo en Disney y penetró todos los niveles de la organización. Cada líder debía establecer su propio camino de desarrollo, que Disney formalizaría como parte de su evaluación de desempeño anual. Por lo tanto, un líder sería calificado no sólo por su desempeño (resultados empresariales y comportamientos de liderazgo) sino también por sus logros de desarrollo personal. Al realizar evaluaciones anuales con mis subalternos directos, me aseguraba de que tuvieran un plan de desarrollo. Quería conocer sus aspiraciones profesionales, necesidades de aprendizaje e intereses para ayudarles a prepararse para sus futuros roles. Más allá de eso, su desarrollo era su responsabilidad personal. Aunque no todo el mundo será promovido a funciones de mayor alcance y responsabilidad, ello no debe excluir a nadie de tener un plan de desarrollo. Como líder, siempre debes animar a las personas a aprender y mejorar, independientemente de sus aspiraciones futuras.

Las empresas a menudo descuidan, o incluso se saltan por completo, el proceso de desarrollo porque no cubre una necesidad inmediata. Sin embargo, cuando los empleados de alto rendimiento no ven un camino para su futuro, se irán a buscar su felicidad en otro lugar.

Un buen programa de desarrollo permite a las organizaciones ser más ágiles y reduce el tiempo necesario para instalar candidatos calificados en nuevos roles. También reduce la rotación de personal. Además, una fuerza de trabajo más experimentada es más productiva, reduciendo así los costos de contratación y capacitación.

La Vía Rápida a los Resultados

Integra el desarrollo en tu organización:

- Asegúrate de que todos los miembros de tu organización, independientemente de su nivel o potencial, tengan un plan de desarrollo. La evaluación del desarrollo personal debe formar parte de la evaluación del desempeño.
- Acuerda con tus subalternos directos un plan de desarrollo mediante un esfuerzo colaborativo. Pero, es el *subalterno directo* quien debe formular e implementar el plan.
- El plan de desarrollo debe reflejar las competencias que se necesitarán en funciones futuras, así como las competencias que necesitará la organización.

Capítulo 15

Medición

L a Medición es un tema complicado. A menudo, los aspectos fáciles de la medición no son los que importan y los que importan no los podemos medir con facilidad. Nuestras mediciones podrían incitar comportamientos no deseados. A veces implementamos una plétora de mediciones tan exhaustiva que creamos una dinámica de que «cuando todo es importante, nada es importante». Aquí exploraremos los casos en los que la medición ha funcionado y otros en los que falló miserablemente.

Consecuencias No Deseadas

A finales de los 90, Disney decidió reducir de manera más proactiva el desperdicio de Alimentos y Bebidas amarrando el bono de los chefs ejecutivos con sus costos de ventas. Todos los ojos estaban puestos en esta métrica en particular, lo que trajo algunas consecuencias no deseadas. Para ganar su bono, los chefs redujeron costos utilizando productos de menor calidad, simplificando menús y repitiendo ingredientes entre varias recetas. Lograron ahorrar, claro, pero las encuestas de satisfacción de los huéspedes sufrieron un gran impacto. Al poner demasiado peso a esta métrica en particular, inadvertidamente hicimos que la calidad de los alimentos y los ingresos cayeran.

Indicadores Rezagados Frente a Indicadores de Tendencia

Con mucha frecuencia ponemos énfasis en las métricas incorrectas. Vamos a usar la Seguridad, el estándar de calidad más importante de Walt Disney World, como ejemplo. La mayoría de las empresas utilizan la tasa OSHA (Programa de Seguridad y Salud en el Trabajo), que mide el número de accidentes que requieren más que primeros auxilios como porcentaje del total de horas trabajadas, así como el porcentaje de tiempo perdido, días de ausencia y compensación de los trabajadores, entre otros factores. Sin embargo, centrarse en estas métricas, que son todas importantes para rastrear y comprender, no mejora el resultado porque son indicadores rezagados que informan sólo de lo que sucedió en el pasado. Para mejorar la seguridad, debemos mirar hacia adelante y examinar los comportamientos y la cultura que podrían estar causando los accidentes. Lo que encontramos en Disney fue que, al medir la cultura, podríamos empezar a medir cuán proactivos éramos en términos de seguridad antes de que ocurrieran los accidentes.

Primero analizamos cómo ejecutivos y gerentes demostraban su compromiso con la Seguridad. Si como vicepresidente del Reino de la Magia no hablaba de seguridad, no incluía elementos de seguridad en la agenda de mis reuniones, no hacía recorridos de seguridad o reaccionaba rápidamente a las observaciones sobre condiciones inseguras, no podía esperar que mi equipo priorizara la Seguridad.

Como lo he mencionado, ser un modelo a seguir es la forma más poderosa de comunicar prioridades. Por lo tanto, preguntaba a cada gerente general acerca de sus iniciativas de seguridad para cada área de responsabilidad durante las revisiones de desempeño y charlas con mis subalternos directos. Si tenían un plan de comunicación claramente desarrollado y entendían las principales áreas de riesgo en su departamento, podía estar bastante seguro de que sus tasas de accidentes serían más bajas que el promedio.

Las reuniones mensuales de seguridad con los miembros del elenco de primera línea fueron otra medida importante y constante. Podíamos esbozar y hacer seguimiento a los temas que surgían en esas reuniones y luego comunicar los resultados a los empleados.

La última medida fue reportar los «estuvo cerca». A menudo, la diferencia entre un accidente y un «estuvo cerca» es sólo suerte y tiempo. Con el fin de fortalecer la cultura de Seguridad en Disney, capacitamos a nuestros equipos para tratar un «estuvo cerca» como un accidente y con el mismo sentido de urgencia. Por ejemplo, si un miembro del reparto se resbalaba en la cocina, pero mantenía su equilibrio sin ninguna lesión, le pedíamos llenar un informe de accidente del tipo «estuvo cerca».

¿Cuáles eran las condiciones cuando casi se cae? ¿Estaba mojado el piso? ¿Estaba corriendo porque tenía prisa? Presentábamos estos «estuvo cerca» para revisión por parte del comité local de seguridad cada mes. Así, el equipo mejoraría las condiciones para evitar futuros accidentes, en este caso, arreglar una abolladura en el piso o agregar un elemento a la lista de chequeo para secar los pisos con más frecuencia.

He aquí otra práctica recomendada para adoptar.

Un día, los ejecutivos de Walt Disney World pidieron a los líderes senior que se unieran a una conferencia telefónica sobre un tema urgente. El vicepresidente de Seguridad anunció que unos invitados acaban de morir en un tobogán en un parque temático de Australia. Me sentí confundido por unos minutos. Estaba bastante seguro de que no había un parque de Disney en Australia. ¿Por qué estábamos hablando de esto? La llamada procedió a abordar las posibles causas del accidente en esta atracción en particular. La siguiente pregunta era si operábamos alguna atracción de tobogán en algún parque temático de Disney que hubiese sido fabricado por la misma empresa y si teníamos algún riesgo de que alguno de nuestros toboganes se volteara. Ahora, ¡esto es un signo de una cultura de seguridad de talla mundial! Un incidente ocurre en el otro lado del mundo en el parque temático de la competencia y en lugar de alegrarnos de que no fuimos nosotros, tenemos una llamada para determinar si esto podría sucedernos. ¡Un «estuvo cerca» de verdad!

Por tanto, si deseas mejorar tu rendimiento, asegúrate de centrarte en los indicadores rezagados (resultados) y los indicadores de tendencia que impactan los comportamientos.

En Tiempo Real

Otro de los principales criterios de medición efectiva está en la importancia de operar en tiempo real. Como se mencionó anteriormente, si constantemente nos centramos en indicadores de rendimiento rezagados, nos quedaremos atrás y perderemos nuestra oportunidad de corregir los problemas.

En Disney éramos ávidos usuarios del Grado De Recomendación (más conocido como Net Promoter Score), una gran herramienta para recopilar comentarios inmediatos sobre nuestra operación y la calidad del servicio que habíamos prestado (Te animo a buscar NPS en Google para obtener más información sobre el proceso). El NPS nos permitió obtener retroalimentación oportuna sobre nuestras instalaciones, identificar a los actores grandes y deficientes de nuestra operación, y reconocerlos o capacitarlos inmediatamente.

Las herramientas de medición en tiempo real eran una prioridad para Disney y siguen siéndolo. Por ejemplo, el transporte en autobús de Walt Disney World es una parte importante de la experiencia general en la medida que los huéspedes del complejo se desplazan entre nuestros hoteles y nuestros parques. Si bien el equipo de transporte realiza un excelente trabajo transportando a decenas de miles de personas de manera segura y eficiente todos los días, hay momentos en los que se alejan de los estándares de servicio.

En el pasado, si un autobús llegaba tarde debido al tráfico o a un accidente, los huéspedes esperaban mucho más tiempo para llegar a los parques, llegando a escribir quejas sobre cómo se perdieron su comida, espectáculo, su turno para alguna atracción, los fuegos artificiales, u oportunidad de conocer a su personaje favorito. En ese momento, nuestra única opción era proporcionar un reembolso, entradas gratuitas o descuentos para una futura visita. Sin embargo, a medida que implementamos My Magic Plus, pudimos empezar a aprovechar la tecnología de las bandas que sirven como llaves para las habitaciones, tarjetas de crédito, entradas y FastPasses.

La llegada de los datos en tiempo real. Hoy, cuando un invitado con destino al Reino de la Magia llega a la parada de autobús, un sensor detecta el RFID de la Banda Mágica e inicia un temporizador. Si esa Banda Mágica en particular no ha abordado un autobús dentro de un cierto período de tiempo, podemos suponer que el autobús se retrasó. Estos datos son instantáneamente enviados al gerente de Transporte del Reino de la Magia, quien ahora puede hacer que su equipo se encuentre con el autobús a su llegada, se disculpe por la espera prolongada y corregir la situación justo en el acto proporcionando FastPasses para compensar el tiempo perdido.

No todas las organizaciones tienen este tipo de tecnología a su disposición, pero hay algunas formas más sencillas de obtener mediciones en tiempo real. Por ejemplo, cada Gerente de los diversos complejos turísticos de Disney deja a los huéspedes una carta en sus habitaciones con su número de teléfono personal o un enlace y código QR que los dirige a un sitio web que les ayuda a informar cualquier problema que encuentren. El número o sitio web conecta inmediatamente la llamada o mensaje al responsable del servicio, quien podrá corregir inmediatamente la situación en nombre del gerente general. Posteriormente, el problema pasa por un análisis de causa raíz para que el complejo pueda arreglar rápidamente el problema encontrado (ver ejemplo en la página siguiente).

«No podemos mejorar lo que no podemos medir.»

Viendo a Través de la Lente de tus Estándares de Calidad

En cualquier organización, la consistencia aporta credibilidad y eficiencia. Como se mencionó anteriormente, todos los miembros de tu equipo deben operar dentro del mismo marco, un propósito común y unos estándares de calidad claros. Idealmente, habrás seleccionado estos estándares de calidad en función de las expectativas de tus clientes o huéspedes. Con el mismo razonamiento, debes tener un programa de capacitación que haga hincapié en los comportamientos que apoyan estos estándares de calidad. El siguiente paso lógico es medir el rendimiento a través de la lente de los estándares de calidad.

En Disney, siempre medíamos los cuatro estándares de calidad: Seguridad (como se describió anteriormente), Cortesía, Puesta en Escena y Eficiencia. Tanto el NPS como los programas de compradores incognitos nos dieron una buena lectura de nuestras métricas de Cortesía:

- ¿Te saludaron cuando entraste?
- ¿Había alguien de nuestro elenco disponible deinmediato?
- ¿Estaba sonriendo?
- ¿Hizo contacto visual?

Medimos el estándar de nuestra Puesta en Escena con auditorías exhaustivas a cargo del líder:

- ¿El miembro del elenco llevaba una etiqueta con su nombre?
- ¿Su apariencia era acorde a las pautas de presentación personal de Disney?
- ¿La zona estaba limpia y libre de suciedad?

Mi nombre es Kelly Kline, Gerente General del Complejo Deportivo Cinco Estrellas de Disney. ¡Mi equipo y yo estamos aquí para ayudar a llenar tu estancia con la magia de Disney! Queremos asegurarnos de que pases unas vacaciones inolvidables en el corazón del Complejo de *Walt Disney World*™.

A medida que disfrutes de tu estancia, nuestro Elenco se esforzará por brindarte un servicio extraordinario. Si de pronto experimentas algo que no fue del todo satisfactorio durante tu visita, por favor házmelo saber. Garantizar unas vacaciones agradables para todos nuestros Huéspedes es de suma importancia para nosotros. Por otro lado, si algo durante tu viaje te maravilla o si algún miembro de nuestro Elenco te deja una impresión especial, me encantaría saberlo. Nos enorgullecemos mucho de agradecer a los miembros de nuestro Elenco por un trabajo bien hecho.

Si deseas compartir opiniones sobre tu estancia, por favor ponte en contacto conmigo a través de *diz.sv/sportstay* o utiliza el código QR a continuación. Por favor, permítenos la oportunidad de responder a tus comentarios mientras estás en el complejo.

Espero escuchar de ti y te deseo la estancia más mágica en el Complejo Deportivo Cinco Estrellas de Disney.

Mis mejores deseos,

Kelly Kline,
Gerente General
Complejo Deportivo Cinco Estrellas
de Disney

¡Gracias por ser nuestro Huésped!

El departamento de Mantenimiento inspecciona la pintura, el hormigón y las luces con regularidad, mientras que los líderes de Limpieza y Aseo siempre inspeccionan los baños y áreas para asegurar su limpieza, todos elementos importantes de la Puesta en Escena.

En cuanto a Eficiencia, podríamos comparar los datos del comercio minorista, restaurantes y atracciones, por nombrar algunos, para medir el rendimiento en comparación con el estándar de calidad.

Estos pueden parecer un hecho, pero muy a menudo generamos mediciones desalineadas con el resultado deseado. Cuanto más grande sea la organización, parece que producimos más «informes». Cuidado con la sobre medición. Sigue las métricas básicas y más significativas y, lo que es más importante, sigue los datos. Es mejor tener pocas métricas que puedas leer y abordar metódicamente que ser enterrado bajo una pila de datos sobre los que nadie actúa.

La Vía Rápida a los Resultados

Para medir con efectividad:

- Debería hacerse en tiempo real y usar indicadores de tendencia siempre que sea posible.
- El hecho de que puedas medir algo no significa que debas medirlo. Mide solo cosas relevantes e importantes.
- Ten el menor número de métricas posible que te permita supervisar tu organización de manera eficaz. Extrae los aprendizajes y actúa.

Capítulo 16

Accesibilidad y Fácil Acercamiento

Un líder puede crear una gran comunicación con un simple acto: llegar a ser accesible y de fácil acercamiento para todos en la organización. Cuando me di cuenta del valor de la construcción de relaciones, esto se convirtió en mi objetivo diario. Y siempre recordé que puede ser intimidante para un empleado de primera línea o líder de bajo nivel interactuar con un ejecutivo, así que me acercaba a todos con humildad.

Como muchos ejecutivos de Disney, creé un número de buzón de voz confidencial y lo pegué por todo el Reino de la Magia: en tablones de anuncios, en salas de descanso, en la cafetería. Quería que los 12.000 miembros del elenco supieran quién era yo y que estaba disponible para hablar con ellos. Ahora, debía establecer algunas expectativas claras. Mi objetivo no era que todos los miembros del elenco me llamaran por cada tema o idea que tuviesen, por lo que los avisos incluían mi número de buzón de voz y decían:

«Hola, mi nombre es Dan Cockerell y soy el vicepresidente del Reino de la Magia. Si en algún momento sientes que necesitas hacerme saber un problema, estoy disponible en mi buzón de voz confidencial. Por favor deja un mensaje y, si quieres que te llame, deja tu nombre y número de teléfono. Tenemos un excelente equipo de liderazgo y si tú tienes alguna idea, problema o pregunta te sugiero encarecidamente que te pongas en contacto con tu líder directo primero. Pero siempre estaré disponible si sientes que necesitas hablar conmigo directamente. ¡Gracias por crear magia!» Cuando la gente llamaba al número del buzón de voz, también se les instruía llamar a mi número de teléfono personal en caso de que fuera realmente urgente. La gente pensó que estaba loco al permitir este tipo de acceso. Sin embargo, en un lugar grande como Disney, la comunicación no siempre fluye bien o rápido. Quería asegurarme de tener la oportunidad de estar al tanto si surgía un problema en lugar de darme cuenta a través de Facebook, Instagram, *The Orlando Sentinel, el Departamento de Saneamiento* Estatal, las noticias o, peor, mi jefe.

Los mensajes que recibí iban desde sugerencias sobre cómo mejorar la experiencia de los huéspedes y los problemas de seguridad hasta mensajes de agradecimiento y «Tienes que estar bromeando». Otros se relacionaban con la disfuncionalidad burocrática en la remuneración y otros procesos administrativos, mientras que otros se trataban de conflictos interpersonales que el miembro del elenco estaba teniendo con sus compañeros o líderes.

Este enfoque tenía dos trampas. La primera es lo que yo llame los «viajeros frecuentes». Algunos miembros del elenco decidieron llamarme por cada mal que sentían que se les había hecho. O bien, planteaban cuestiones que claramente podrían abordarse localmente, pero les gustó la idea de informar al vicepresidente del parque. Después de una serie de llamadas de este tipo, me reunía con el miembro del elenco en cuestión, le agradecía que me contactara y le reentrenaba sobre cómo escalar un problema (principalmente, dando siempre a sus líderes la oportunidad de responder primero).

La segunda trampa era la confianza de mis subalternos directos que podía perder por aparentemente extralimitar mis funciones y micro gestionar situaciones de conflicto. El peligro estaba en escuchar la historia de un miembro del elenco y tomar lo que me decía como 100% cierto, incomodando así al Gerente del departamento involucrado al cuestionar su capacidad para lidiar con los problemas. Estaba familiarizado con cierta dinámica de conflictos de cuando mis hijos eran pequeños. Jullian molestaba a su hermana, Margot, hasta el punto de provocar una reacción. Ella lo golpeaba y él nos informaba desde el asiento trasero que ella lo había golpeado sin razón alguna. Entonces, en la injusticia de todas las injusticias, Margot acababa metida en problemas por golpear a su hermano. Lo que aprendimos al criar a nuestros hijos fue que durante un conflicto hay hechos y percepciones, y que la culpa rara vez es de una persona.

Esto lo recreaban algunas de las llamadas que recibía de los miembros del elenco. Algunos me dijeron que sus líderes estaban mostrando favoritismo y desafortunadamente, ¡no eran ellos los favorecidos! Otros me decían que pensaban que sus líderes se ensañaban con ellos y los obligaban a un nivel de rendición de cuentas más alto que el de los otros miembros de su equipo.

Rápidamente sentí que mi participación en tales asuntos podía ser un problema con mis subalternos directos, así que preparé a mi equipo de antemano. He aquí un resumen de mi mensaje para ellos:

Tenemos 12.000 miembros en el elenco. Si crees que nunca vamos a tener conflictos, desacuerdos y discordias entre nuestro elenco, ¡entonces vives en Fantasialandia!

Preferiría que nuestro elenco hablara con nosotros en lugar de con otros acerca de sus problemas. Creo que para nosotros es una gran oportunidad el fomentar la confianza a través de nuestra voluntad de escuchar y actuar.

Sólo porque alguien me llame no significa que tiene razón. Sin embargo, sí significa que tiene una preocupación. Escucharé sus problemas y les dejaré claro que necesito conocer toda la historia antes de dar mi punto de vista.

Soy parte de este equipo de liderazgo; en última instancia, soy responsable de toda la experiencia del elenco. Como tal, me considero un conjunto adicional de ojos y oídos para ayudarnos a conseguir el éxito.

Si un miembro del reparto dejaba un mensaje anónimo, yo, sin juzgarle, reenviaba el mensaje al líder correspondiente, quien podría explorar si realmente había un problema o una sugerencia valiosa a implementar. Si el mensaje era parte de una tendencia, pedía al Gerente del área investigar los fundamentos.

Si un miembro del reparto dejaba un mensaje con su nombre y número, llamaba personalmente y discutiría el problema en profundidad. Siempre me gustaba preguntar si ya se había escalado el tema a sus líderes directos. Si no lo habían hecho, les ayudaba a encontrar maneras de abordarlo a ese nivel.

Sin importar la cuestión, estuviese o no de acuerdo, siempre agradecía a la persona haberse puesto en contacto y la animaba a continuar haciendo escuchar su voz. En las reuniones y en mi comunicación con los empleados del parque, me aseguraba de hacer referencia a las valiosas llamadas que había recibido para animar a otros a hacer sonar su voz.

Al incluir este nivel de acercamiento, pudimos escuchar muchas más voces y cavar bajo la superficie de lo que estaba pasando en el parque. Además, como yo estaba modelando mi voluntad de ser accesible para todos, el resto del equipo de liderazgo comenzó a emular esos comportamientos... algunos para convertirse en mejores líderes y otros, sospecho, por autopreservación. Si no escuchaban y resolvían los problemas de su área, había una buena probabilidad de que el miembro del elenco lo escalase al siguiente nivel o, eventualmente, a mí.

«El poder crea distancia. Los líderes cierran la brecha. »—Phil Wilson

---

No dejes la comunicación al azar.

Mientras trabajaba en los diversos complejos y parques temáticos de Disney, me di cuenta de que las mejores ideas, las preocupaciones por lo correcto y las súplicas más apasionadas no siempre escalaban la cadena de mando. También aprendí que, si los problemas no se abordan internamente, con el líder, se pueden regar fácilmente externamente ¡a todos! (Piensa en Facebook, Twitter, periódicos y estaciones de televisión locales).

No es frecuente que los problemas internos de la organización ebullan y salgan de la empresa, pero es una amenaza para la marca cuando sucede.

Durante mi tiempo en Disney, también aprendí lo importante que era para todos que su voz fuera escuchada. ¿Cuán frustrante es cuando tienes una idea, quieres mejorar o arreglar algo y nadie te escucha? ¡Mucho!

Por lo tanto, me propuse ser alguien accesible y a quien fuese fácil acercarse. Cada día, este propósito estaba en mi mente en cualquier lugar donde llegara o donde almorzara, incluso en mi expresión al caminar por el parque. Todo lo que hacía decía: «¡Estoy emocionado de estar aquí y quiero escucharte!»

Ser un líder accesible y abordable tiene muchas ventajas y algunas desventajas. ¡Lo bueno es mucho más que lo malo!

Discutamos las desventajas. Primero, debes que estar «encendido» la mayor parte del tiempo. Todo lo que proyectamos verbalmente y no verbalmente debe invitar. Vamos a llamarlo «atractivo exterior».

Los empleados ya están un poco prevenidos de hablar contigo solamente por tu cargo. Para proyectar liderazgo a tus subalternos, tu mensaje debe ser que los empleados y sus preocupaciones son más importantes que cualquier cosa que los líderes estén haciendo. Esa afirmación tiene el beneficio de ser cierta. Rendirán mejor, obtendremos mejores resultados, ¡somos responsables de los resultados que obtenemos! Estar «encendido» requiere mucha energía, conciencia de sí mismo e intención. No podemos darnos el lujo tener malos días o momentos de hostilidad. Así es como se daña o destruye una reputación.

La segunda desventaja es que recibimos muchas llamadas, correos electrónicos y mensajes de texto. A menudo, nuestra primera reacción es dirigirlos a su gerente y puede que esa sea precisamente la solución final, pero necesitamos ser pacientes y escuchar su problema o idea respetuosamente.

La última desventaja es el riesgo de ser percibido como el único «solucionador» de todos los problemas de la organización. Si alguien nos llama y resolvemos su problema, entonces terminamos eludiendo al equipo directivo e incluso socavando su credibilidad. Todos los líderes se ponen bastante nerviosos cuando sus empleados hablan con quienes están unos cuantos escalones más arriba en la escala organizacional.

Lo positivo es que se llega a escuchar la verdad más rápido, lo que le permite reaccionar inmediatamente y corregir el curso si es necesario. A esto lo llamo el mata burocracia. Además, se establece un ejemplo que se puede emular en otros niveles de la organización. Sin embargo, la realidad es que ¡aquí tenemos un dilema! No hay respuesta directa. ¿Cómo podemos trabajar siguiendo el organigrama e ignorar ese organigrama ocasionalmente para hablar con todos y con cualquiera en la empresa? No es fácil, pero créeme que cuando lo hacemos bien, es extremadamente efectivo para mejorar la experiencia de nuestros empleados y clientes.

La Vía Rápida a los Resultados

Considera estos conocimientos clave sobre accesibilidad y ser fácil de abordar:

- Si tienes un asistente, habla con él o ella sobre pasar de ser el intimidante guardián de la puerta a ser quien saluda amistosamente a todo el que llega.
- Saca tiempo de tu agenda para caminar y hablar con los empleados de tu organización. Asegúrate de que sientan que su opinión es importante.
- Come con frecuencia en la cafetería con tus empleados.
- Proporciona a las personas tu número de teléfono y correo electrónico y anímalos a que se ponga en contacto contigo.
- Agradece siempre a la gente que se ponga en contacto contigo, ya sea que puedas ayudarles o no.

Capítulo 17

Asociación y Colaboración

A finales de 2017, me encontré con un vídeo de uno de los centros logísticos de Amazon. Como podrás imaginar, estos almacenes son altamente eficientes, emplean una amplia gama de robots y personas que barajan las cajas que dan cumplimiento a los millones de pedidos que se hacen todos los días. El piso del almacén tiene diminutos códigos QR para ayudar a los robots a moverse por las filas y recoger los artículos adecuados de los estantes.

Ver ese video me dio una idea. Como vicepresidente del Reino de la Magia, era responsable de lo que pasaba no solo en el parque, sino también debajo del parque. Me refiero al legendario túnel del Reino de la Magia o, como lo llamamos internamente, el Utilidor. En Disney, utilizamos este túnel subterráneo, que se extiende por todos los diferentes terrenos del parque, para transportar alimentos y bebidas, y mercancías a otros lugares sin interferir con la magia. El Utilidor también tiene caf-eterías, vestuarios y lockers para el elenco, entre otros departamentos detrás de la escenografía.

Obviamente, en el Utilidor hay mucha actividad, por lo que siem-pre buscábamos oportunidades para mejorar el flujo de tráfico. También luchábamos constantemente con el número de palés que quedaban en el Utilidor, ya que presentaban un peligro de seguridad en caso de incendio. Es por eso que el video de Amazon había despertado mi curiosidad. *¿Qué tal si tuviésemos robots que trasladasen los palés vacíos a la entrada del túnel, resolviendo así nuestro problema de seguridad? ¡Incluso podría automatizarse por completo la entrega de palés hacia y desde la entrada principal del Uti-lidor!* La idea era intrigante pero, honestamente, no tenía ni idea de cómo empezar o incluso si tenía algún mérito. Todo parecía muy complejo, pero, como dicen, «hay una isla de oportunidades en medio de cada difi-cultad». Así que busqué ayuda.

Durante mis años en Disney, había trabajado conjuntamente en una variedad de iniciativas con Ron Mills, que para entonces era el Vicepresi-dente de Servicios de Distribución - justo el socio perfecto que necesitaba. Inmediatamente vio el potencial, accedió a realizar un estudio sobre el proyecto y asignó a uno de los miembros de su equipo a la iniciativa. Luego, fui a presentar la idea a Christine Gassman, que trabajaba en el Departamento de Cambio de Procesos. Christine había sido transferida a Walt Disney World desde Bienes de Consumo de Disney cuatro años atrás y yo había sido su mentor desde entonces. Ella fue muy receptiva a la idea y se adentró en el proyecto de inmediato. El plan era crear un «primer artículo» y luego expandirse a ubicaciones adicionales dependiendo de los resultados. Christine involucró a Ingeniería Industrial para evaluar costos y viabilidad. Finalmente, involucramos a Alimentos y Bebidas y Merchan-dising, así como a una empresa externa familiarizada con la tecnología.

La primera fase del proyecto consistió en la instalación de sensores capaces de leer las etiquetas en los palés vacíos. Así, el equipo a cargo de hacer seguimiento a los sensores podía saber cuántos palés apilados había y su ubicación precisa en cualquier momento. Desafortunadamente, dejé Disney antes de la implementación completa del proyecto; pero para mí, se destaca cómo el asociarse y la colaboración pueden y deben resultar.

Mi punto es que todas las personas y departamentos con los que me puse en contacto, oportunamente ofrecieron su opinión, su apoyo y recursos porque había establecido una relación con ellos antes de pedir ayuda.

El síndrome del «Ellos»

Desde los albores de la humanidad, ha habido un «nosotros» y un «ellos», ya sea la tribu del otro lado del valle, la gente del otro lado de la frontera o la competencia al otro lado de la calle. Hoy en día, a menudo resulta ser el departamento al otro lado del pasillo. El grupo de «ellos» tiene diferentes competencias, razones de ser y, lo que es más importante, motivos. Influenciados por miles de años de evolución, tendemos a ser cautelosos frente a las diferencias. Es comprensible que la gente prefiera interactuar con individuos con los que puedan relacionarse fácilmente. Por lo tanto, generar confianza entre dos o más grupos de personas con diferentes perspectivas, enfoques e intereses puede ser difícil. Personalmente, disfruto ese desafío.

Siempre estoy a la espera de asociarme y colaborar en mi trabajo. Como lo he mencionado, me gusta y me es fácil relacionarme con los demás. También reconozco el hecho de que no puedo alcanzar los objetivos que he fijado para mí o para mi organización si no tengo socios. Así que es cierto que hay bastante interés propio de por medio. En Disney, no podíamos lograr nada sin la participación de una multitud de departamentos. De verdad necesitábamos la experiencia, las habilidades y la perspectiva de una variedad de actores. He aquí mi consejo para superar el síndrome del «ellos».

En primer lugar, averigua quiénes son «ellos» y, lo que es más importante, cómo puedes involucrarlos para ayudarte a gestionar mejor tu negocio. Cuando me ascendían a un nuevo puesto, hacía una lista de todos los departamentos que contribuían al éxito de mi organización y me daba a la tarea de conocer al líder de cada uno de esos departamentos, aprender lo que hacían, cómo lo hacían y cómo podríamos ayudarnos mutuamente. En otras palabras, forjaba una relación con ellos. Los invitaba a almorzar o pasaba a saludar en su oficina. Al igual que hacía con mis empleados directos, llegaba a conocerlos a nivel personal, a averiguar qué les quitaba el sueño en la noche y qué desafíos se enfrentaban. Hablábamos de cómo podían ayudar a mi área y cómo podría ser un buen socio para ellos. Luego me aseguraba de hablar con ellos en persona o por teléfono una vez por trimestre. Al fortalecer estas relaciones, encontré tres beneficios:

Como me interesaba en su trabajo, eran más propensos a pensar en mí como socio al tomar decisiones. El estar conscientemente en su «Top of Mind» aseguraba que siempre me involucraran si algo habría de impactar mi parque u hotel.

En segundo lugar, pude aprender sobre áreas del negocio a las que nunca había estado expuesto: Ingeniería Industrial, Servicios Textiles, Gestión del Rendimiento, Jurídico, Gestión de Ingresos, Relaciones Laborales y TI, entre muchos otros. Posteriormente, fui muy consciente de cómo mi departamento impactaba sus operaciones y lo tomaba en consideración al tomar decisiones.

Por último, pero no menos importante, cuando surgía una nueva iniciativa, un error o crisis, podíamos tratar unos con otros de una manera franca y transparente. Cuando ya conoces a alguien, puedes ser mucho más directo y sincero sobre tus opiniones y no necesitas preocuparte por si se sentirán ofendidos. Con respecto a la iniciativa de los palés en el Reino de la Magia, me sentí bien presentando a Christine lo que podría haber sido una idea con fallas porque sabía que ella me daría una opinión sincera. Si hubiese sido una mala idea, en mi mente no hay duda de que me lo habría hecho saber de inmediato, pues sabía que iba a recibir recomendaciones constructivas debido a la confianza que habíamos establecido. Las relaciones fomentan la comunicación y la comprensión.

¿Qué áreas de tu empresa o incluso contratistas externos son clave para tu éxito? Conócelos, familiarízate con ellos y apreciarles.

También me guíe por algunas reglas básicas al colaborar con otros departamentos u organizaciones.

Involucrar a los demás con una mente abierta. Algunos líderes se muestran reacios a colaborar porque quieren retener el crédito y cosechar todos los elogios de una nueva idea o iniciativa. Ya que nada se hace por sí solo, no hay razón para tener miedo de que alguien brille con tu estrella.

Siempre que no lográbamos llegar a un acuerdo sobre una decisión, teníamos que recordarnos lo que teníamos en común: el deseo de nuestro resultado colectivo. A menudo, a medida que surge la divergencia, nos alejamos de lo que estamos tratando de lograr. En Disney, siempre nos pareció beneficioso considerar cómo nuestras decisiones afectarían a los huéspedes o a los miembros del elenco. A ninguno le importaba mucho la política del departamento o la idiosincrasia de nuestra organización.

Así que enfócate y ve felizmente por el camino del medio.

Cuando surgía un problema, trataba de centrarme en la solución y no desperdiciar tiempo apuntando mi dedo. Compartir ideas y resolver dudas tras sacar a la luz una idea o propuesta suele ser cuando podemos extraer aprendizajes de nuestros errores. Y recuerda: si aprendes algo de un fracaso, no habrás perdido.

También trataba siempre de proyectar una actitud positiva de «sí se puede» incluso en medio de desafíos. Todos tenemos nuestra propia montaña por escalar. No desconfíes de los demás, simplemente asume que tienen buenas intenciones y reconoce oportunamente la contribución y los éxitos de todos.

Sé el ejemplo para tu organización. Anima a los equipos a forjar relaciones con otros departamentos también. Sobre todo, nunca dejes que nadie denigre o menosprecie la contribución de otro departamento. Recuerda: al final del día, ¡todos somos piezas del mismo rompecabezas!

«Si quieres ir rápido camina solo. Si quieres llegar lejos ve acompañado» —proverbio africano

---

La Vía Rápida a los Resultados

Sé un gran socio y fomenta la colaboración a través de estos enfoques:

- Averigua quiénes son «ellos». Mira tus áreas de responsabilidad y comprende todas sus conexiones con los otros departamentos que ayudan a que el tuyo tenga éxito.
- Se proactivo y reúnete con tus socios. Por ejemplo, programa una llamada telefónica trimestral o una salida con tu área para mantenerte conectado con ellos. Incluso si no tienes un tema de trabajo específico para tratar con ellos, indudablemente aprenderán algo nuevo o encontrarán nuevas oportunidades. En cualquier caso, mantendrás la relación «caliente» para el día en que necesites ayuda.,
- Pregunta por los objetivos de tus socios. ¿Cómo puedes ayudarlos a tener éxito?
- Al enfrentarte al desacuerdo, movilízate en torno a los objetivos comunes.

Parte 4:

Líderar el Cambío

En 2015, Walt Disney World experimentó un gran cambio organizacional; no es fácil cuando afecta a un par de miles de líderes, pero necesario y saludable en esta era de disrupción. La justificación detrás de la decisión era simplificar, lograr una mayor rendición de cuentas y exponer los dirigentes a nuevos negocios. Con esta nueva estructura, esperábamos desarrollar más generalistas que estuvieran mejor preparados para ascender a puestos ejecutivos. El equipo ejecutivo de Vicepresidentes del parque trabajó en esta reorganización durante nueve meses, generando ideas de posibles nuevas estructuras. Examinamos el alcance de responsabilidades, las relaciones de subordinación, el número de empleados directos, el número de capas y el ahorro de mano de obra, entre otros factores. Terminamos eliminando todo un nivel (Gerentes de Operaciones). También dimos a los gerentes generales (que habían sido confinados a una línea de negocio) responsabilidades sobre áreas geográficas que incluían Merchandising, Alimentos y Bebidas, Servicios de Limpieza y Aseo, y atracciones. Mientras tanto, muchos líderes estaban cambiando su lugar de trabajo y saltando de un lado de Walt Disney World a otro.

Así que elaboramos un plan de ataque, o debería decir un plan de comunicación. Colectivamente decidimos reunir a todos los gerentes generales (unas cincuenta personas) en una de nuestras salas de conferencias, anunciamos la nueva estructura e inmediatamente después conversamos individualmente con cada uno de ellos. Pedimos a los Gerentes Generales que informaran inmediatamente a los líderes de sus equipos (ahora llamados propietarios) y que sostuvieran conversaciones individuales con todos y cada uno de ellos, haciéndoles saber si se quedarían o se irían a otra zona.

Este fue un gran día para nosotros e irónicamente, por esas cosas de la vida, ¡fui hospitalizado esa misma mañana con apendicitis aguda! No importó. Mi líder – Jim- el vicepresidente senior de operaciones, tomó mi lugar y habló con mi equipo. Era importante no perder el ritmo. Queríamos que la comunicación viajara lo más rápido posible para evitar conversaciones alimentadas por la ansiedad y la especulación de pasillo.

En el transcurso de un día, toda la estructura de nuestra alta dirección cambió. A lo largo de todo el proceso, nos aseguramos de que todos entendieran el «por qué» detrás del cambio. Yo fui un paso más allá. En el transcurso de la semana siguiente, me puse el objetivo de sentarme en cada una de las reuniones con los Gerentes Generales y funcionarios para explicar por qué habían sido seleccionados para ese puesto. Las conversaciones iban así:

«Deb es ahora tu líder en Tomorrowland. Su historial demuestra que es una líder dinámica y enérgica, y que tiene la capacidad de pensar en grande e influir en la organización. Ella traerá una nueva forma de pensar sobre nuestro negocio, ya que se basa en su experiencia pasada en departamentos de apoyo...»

«Ellen, ahora eres la encargada de Merchandising en Tomorrowland, donde tienes una amplia experiencia. Como Merchandising es un departamento nuevo para Deb, serás capaz de enseñarle los pormenores del comercio minorista y ayudarla a familiarizarse con esta nueva línea de negocio...»

«Ricky, ahora eres el encargado de Cosmic Ray's. Sé que tienes experiencia en la gestión de grandes locales de Alimentos y Bebidas. Este es el restaurante de autoservicio más concurrido de Walt Disney World y estoy seguro de que tu amplia experiencia nos ayudará a hacer crecer aún más el negocio...»

«Melissa, ahora eres la encargada de Servicios de Limpieza y Aseo en Tomorrowland. Como sobresales en la construcción de relaciones, necesitaremos tus habilidades para asegurar que el elenco esté a bordo mientras probamos una nueva tecnología en tu área...»

Para mí era importante que todos entraran a su nuevo rol sabiendo no sólo por qué los elegí para ese puesto, sino también que tenía confianza en que podrían hacer crecer el área a futuro.

Teniendo en cuenta el alcance del cambio organizacional y la rapidez con que lo implementamos, las cosas salieron bastante bien un testimonio de la capacidad de adaptación de los líderes de Disney. Por supuesto, los huéspedes no lo notaron ya que esto no tuvo impacto en la operación. Por el contrario, mejoró su experiencia en la medida que la nueva estructura permitía dirigir un área de forma más cohesiva. Ese es sólo un ejemplo de cómo liderar el cambio a través de principios dedicados y reflexivos.

Capítulo 18

Mejora continua

Cuando el fundador de tu empresa es alguien como Walt Disney, sabes que la mejora continua estará en el ADN de la organización. Walt siempre desafió el statu quo y jamás dudó en empezar un proyecto desde cero si creía que había un enfoque mejor, nuevo o más eficaz.

Cuando salieron las cámaras Technicolor en 1932, Árboles y flores ya estaba en producción en blanco y negro. Sin importarle, Walt lo reinició para integrar la más reciente tecnología a color. Cuando los botes de basura no cumplieron con sus estándares (los cestos en malla utilizados en ese momento eran olorosos y poco atractivos a la vista), diseñó un nuevo bote de basura con una tapa y solapas contiguas. Dondequiera que mirara, veía espacio para mejorar y estaba dispuesto a cambiar la forma de hacer negocios. Desde entonces, la búsqueda de Walt por la mejora continua se ha arraigado en la organización Disney.

Parte de mi trabajo como líder en Disney fue identificar oportunidades de crecimiento y para mejorar la eficiencia. A principios de 1999, estaba a cargo de abrir y ejecutar Test Track como gerente de Operaciones en Epcot. Esta nueva y emocionante atracción simulaba los procedimientos de prueba utilizados por General Motors para evaluar sus vehículos conceptuales. Inicialmente encontramos muchas dificultades con la nueva tecnología y la atracción solía mal funcionar a menudo.

Los huéspedes quedaban decepcionados cuando no podían experimentar esta nueva atracción, lo que era más que entendible. Entonces, buscamos maneras de maximizar el «rendimiento» por hora cuando Test Track funcionaba, asegurándonos de que tantos huéspedes como fuera posible pudieran experimentar esa atracción. Los vehículos tienen capacidad para seis personas y la mayoría de los invitados llegaban en grupos de dos o más personas. Si teníamos suerte, podíamos llenar cada vehículo por completo con un grupo de seis o un combo de varios grupos. Cuando no se conseguían las seis personas, el vehículo se despachaba con asientos vacío - un desperdicio de capacidad.

Mientras buscábamos la manera de poner a funcionar la atracción a plena capacidad, se nos ocurrió la idea de los pasajeros individuales. ¿Por qué no tener una línea aparte para estos pasajeros individuales? Estos invitados, pensamos, estarían dispuestos a llenar los vacíos de un vehículo, reduciendo así su tiempo de espera y aumentando nuestra capacidad por hora al mismo tiempo. Presentamos esta idea a los miembros del elenco, explicamos su fundamento y los capacitamos en el nuevo proceso de carga. Fue un éxito inmediato. Pronto escalamos esto a toda la organización y las líneas para pasajeros individuales son ahora una parte legítima de los diseños de colas para nuestras atracciones nuevas.

El desarrollo de una cultura de mejora continua depende de tu capacidad como líder para crear el entorno adecuado donde las ideas puedan ser compartidas, investigadas y probadas.

Dale voz a tus empleados.

A veces, la mejora se debe a la necesidad. Otras veces, es pura casualidad. Sin embargo, la mayoría de las veces, las ideas están en los empleados que están en primera línea.

Como gerente general de Merchandising para el Reino de a Magia, supervisaba el local de alquiler de coches en la entrada del parque. Esta tienda solía ser abarrotada entre las 9 y las 11 a.m., cuando la mayoría de los invitados ingresaban al parque. Constantemente buscábamos formas de acelerar el proceso de alquiler de coches. Uno de los miembros de nuestro elenco, uno de primera línea, se acercó a nosotros un día con una idea simple: al igual que los invitados tienen la posibilidad de comprar entradas para varios días, ¿por qué no vender pases para alquiler de coches para varios días? Los huéspedes que eligiesen esta opción podrían simplemente caminar hasta el local de alquiler de coches, mostrar su pase de alquiler para varios días, elegir un coche y continuar su camino. Todos pensamos que era una gran idea y la implementamos de inmediato. Nos aseguramos de que ese miembro del elenco el recibiera reconocimiento y agradecimiento personal de todos los líderes, incluido yo. Mi equipo compartió la historia con todos los demás miembros del elenco durante las «Charlas de Equipo» para animarlos a compartir sus ideas también.

Las organizaciones a menudo limitan las sugerencias de los empleados a un cuadro de ideas en algún lugar de su operación. Me di cuenta de que dar a la gente la oportunidad de defender sus ideas y fundamentos en persona, y recibir directamente el merecido reconocimiento, es mucho más gratificante para ellos. Además, querrás asegurarte de entender a fondo sus ideas de mejora, ya que pueden implicar aspectos que desconoces de la operación. A veces una idea puede resolver un problema del que no eres consciente simplemente porque no estás en el lugar.

Cuando estés revisando una sugerencia, sostén una charla exhaustiva sobre los pros y los contras de la idea y luego llévala más allá. Pregunta al equipo por qué puede ser una mala idea, por qué no funcionaría, por qué fallaría. Al dar a todos el permiso para ser negativos, encontrarás las grietas en la armadura. Podrán no avanzar debido a nuevos hallazgos o podrán mejorar la idea abordando sus debilidades.

Los líderes que siempre son accesibles y que es fácil acercárseles verán a sus empleados de primera línea caminar hacia arriba y ofrecer infinitas sugerencias para mejorar continuamente. Algunas ideas pueden funcionar, otras pueden no ser viables. Independientemente de ello, siempre explica tus motivos y agradecerles su contribución.

Proporciona a tus empleados los recursos adecuados

Si realmente deseas crear una cultura de mejora continua en tu organización, predica y aplica. En otras palabras, debes estar preparado para apoyar las nuevas ideas con los recursos adecuados, ya sea tiempo, mano de obra o dinero. Como vicepresidente del Reino de la Magia, siempre mantuve un fondo de mejora continua que nos permitía probar ideas rápidamente y a pequeña escala. Si la idea tenía mérito, buscaba recursos adicionales. Todos mis empleados directos sabían que tenían la autoridad para probar cosas nuevas y que confiaba en ellos para tomar las decisiones correctas.

En organizaciones grandes como Disney, puede ser arriesgado implementar nuevas iniciativas, así que asegúrate de probarlas primero. Comienza poco a poco y con un impacto limitado, y supervisa los resultados. Si son positivos, puedes escalarlo a áreas más grandes de la organización.

Involucra a todos los interesados.

Al involucrar a todas las partes interesadas en la evaluación de un proceso o idea, independientemente de su cargo, los líderes podrán tener una imagen mucho más clara del resultado y de la manera más eficiente de alcanzarlo. Me di cuenta de que cuando todas las partes interesadas participan en la elaboración de un proceso nuevo y mejorado, su voluntad para adoptarlo o mejorarlo será mayor porque tuvieron la oportunidad de hacer sus aportes.

Teniendo en cuenta el resultado deseado y las aportaciones de las partes interesadas, debes mirar inmediatamente dónde amerita implementar el cambio. Resiste el impulso de cambiar las cosas solo porque es una nueva tecnología o porque quieres dejar tu huella en una organización. Implementa los cambios que tengan sentido y se alineen con tus objetivos. La mejora continua no es crecimiento si no te ayuda a alcanzar tu visión.

Cuestiona los procesos.

Permíteme compartirte una historia cotidiana que pone de relieve la importancia de cuestionar los procesos. Una pareja de esposo está en la cocina. El marido se sienta en la mesa mientras lee el periódico mientras su esposa prepara un jamón para la cena, cortando con precisión dos centímetros de cada extremo. Él cuestiona su método, proclamando: «¡Eso es un desperdicio de buen jamón!»

Ella contesta: «Así es como mi mamá siempre prepara el jamón». El marido pregunta por qué y la esposa no lo sabe. Más tarde, ella llama a su madre para averiguarlo.

Su madre contesta: «Porque esa es la forma en que mi mamá, tu abuela, preparaba jamón».

La abuela había fallecido varios años atrás, pero el abuelo seguía vivo. Así que la esposa le llama para preguntarle: «Abuelo, ¿por qué la abuela cortaba dos centímetros de los extremos del jamón?» Él se queda en silencio mientras piensa por un momento.

Entonces él contesta: «¡Para que el jamón cupiese en la bandeja del horno!»

Al igual que el proceso de cocción del jamón al horno,

¿cuántos procedimientos son ahora anticuados u obsoletos en tu organización?

¿Qué pasos se consideran una pérdida total de tiempo y, sin embargo, continúan ejecutándose sin pensar? Si Disney es el reflejo de la mayoría de las empresas, la respuesta es ¡muchos! Algunos procesos están arraigados en el ADN de tu organización y nadie pensaría en cuestionar por qué las cosas se hacen de esa manera.

A continuación, te explico cómo abordar esto: crea un proceso de revisión. Si has comunicado una visión clara y un propósito común a tu equipo, y si has implementado un conjunto de estándares de calidad que han impregnado toda la organización (aportando así coherencia a la toma de decisiones), entonces debes ser capaz de evaluar los procesos a través de la misma lente. Por ejemplo: ¿Pasará esto la prueba de fuego de Seguridad, Cortesía, ¿Puesta en Escena y Eficiencia? ¿Es perjudicial para nuestra capacidad de crear magia? ¿Cómo se ven afectados los invitados por este proceso?» Todas son buenas preguntas para hacerse. Cuando recién implementamos My Magic Plus, algunos invitados debían introducir un código de 16 dígitos para activar su banda y conectarla a sus entradas para el parque - ¡Que mágico ¿no?! Rápidamente añadimos una función de escaneo para facilitar el proceso. Es importante desafiar el statu quo alineando los procesos con la visión, el propósito y los estándares de calidad de la organización.

L𝘢 V𝘪́𝘢 R𝘢́𝘱𝘪𝘥𝘢 𝘢 𝘭𝘰𝘴 R𝘦𝘴𝘶𝘭𝘵𝘢𝘥𝘰𝘴

Desarrolla una cultura de mejora continua con estas tácticas:
- Experimenta tu producto o servicio desde el punto de vista del cliente de forma regular.
- Dedica tiempo a eventos de mejora continua. Genera mesas redondas para preguntar a tu equipo cómo podrían mejorar la experiencia del cliente. Pregunta: «Si estuvieras en mi puesto, ¿en qué te centrarías?» Esa es una forma indirecta de solicitar ideas y sugerencias.

- Lee los comentarios de los clientes para encontrar oportunidades de mejora en el servicio y los procesos de tu organización.
- Trae expertos y no expertos a tus discusiones sobre mejora. Ambos puntos de vista son valiosos.

Capítulo 19

Trayendo el Cambio

¿Por qué somos reacios a cambiar?

El cambio es aterrador, difícil e incómodo; lo sé de primera mano. He puesto mi mundo al revés durante los últimos dos años. Pasé de trabajar en una empresa Fortune 500 a ser emprendedor; de liderar a 12.000 miembros de un elenco a un gran grupo unitario; de ser responsable de una operación que funciona 24/7 los 365 días al año a tener un horario de trabajo flexible... Es más,

¡incluso me estoy mudando al otro lado del país a un entorno completamente diferente! El cambio puede provocar muchas noches de insomnio y gran ansiedad. A pesar de todo esto, o posiblemente debido a todo esto, el cambio también es gratificante, revelador y estimulante.

A lo largo de este camino, he aprendido una tonelada de cosas y he disfrutado descubriendo cuán adaptable puedo ser. Ahora es extremadamente gratificante ver lo lejos que he llegado y no puedo esperar a ver lo que el futuro me depara.

Sin embargo, estamos configurados para resistir el cambio por dos razones principales: el miedo a perder algo que valoramos y no saber qué nos espera en el otro extremo. Ambas cuestiones deben y pueden aliviarse para facilitar la transición.

«¿Estás jugando para ganar o para no perder?»

¿En qué puedes confiar?

Cuando decidí reorganizar toda mi vida, primero me centré en lo que *no* iba a cambiar: mi salud, mi familia, misvalores, mi conocimiento y mi experiencia. Contemplar esto me dio consuelo, pues supe que siempre podría recostarme en estos bloques fundamentales de mi vida.

Del mismo modo, cuando traemos el cambio a un grupo u organización, es importante que las personas afectadas por el cambio sepan lo que *no* está cambiando, dónde pueden encontrar consuelo y en qué pueden confiar (pueden ser los valores de la empresa, la cultura, la misión, los procesos o un propósito común). Los empleados necesitarán un ancla para mantener su equilibrio durante lo que pueden ser tiempos turbulentos. También deberían poder encontrar consuelo y tranquilidad de su líder. Este es el apoyo que hace del cambio una experiencia menos dolorosa.

Como líderes a cargo del cambio, debemos ser hipercuidadosos: tener mayor disponibilidad y estar más presentes, tener mayor comunicación y transparencia, ser solidarios y alentar a los miembros de nuestro equipo a compartir sus experiencias, aprendizajes y mejores prácticas. Mientras implementaba la nueva estructura en Walt Disney World, pasé mucho tiempo brindando ese apoyo. Hice hincapié en lo mucho que estaban aprendiendo y lo valioso que era, y los animaba a lo largo del camino. Les pedí a mis Gerentes Generales compartir sus actualizaciones semanales conmigo y con el resto del equipo para que pudieran aprender el uno del otro. Compartían sus mejores prácticas y desafíos a medida que navegaban la curva de aprendizaje. También celebrábamos los hitos y logros alcanzados, incluso los más pequeños.

También enfoqué a los miembros del equipo hacia las áreas de mayor impacto de sus responsabilidades y me aseguré de que se enfocasen donde pudieran crear el mayor valor. Les sugerí las personas clave en los departamentos de apoyo en quienes podrían confiar para recibir asesoramiento. Con la organización en proceso de cambio, era importante que el equipo encontrara consuelo en saber que mi apoyo era incondicional y que existían los recursos para ayudarles a tener éxito. Proporcionar a las personas una base confiable, apoyo emocional, los recursos necesarios e indicarles a quien pueden recurrir, facilita el cambio y les da la confianza que necesitan en tiempos difíciles.

Concéntrate en el lado positivo.

Obviamente, estás implementando cambios para el bien de tu organización. Estás buscando mejorar el organigrama, el producto, los procesos o la estrategia (o todo lo anterior). Así que hazle saber a tu equipo por qué van por ese camino y enfatiza los resultados positivos. El éxito del cambio está condicionado a la adopción y el fomento de mentes abiertas (gran parte de esto proviene de la mentalidad de crecimiento que describí en el capítulo 2). Esto se remonta a tu habilidad como líder para pintar una imagen vívida de cómo se ve un futuro mejor.

Al salir de Disney, imaginé toda la mejoría para mi vida: independencia en la toma de decisiones, horarios de trabajo flexibles y la capacidad para viajar e interactuar con personas de diversos orígenes. Por supuesto, estaba tomando un riesgo calculado. Valerie me recordó que ahora que nuestros niños habían crecido, necesitábamos menos espacio y estábamos listos para mudarnos casi a cualquier parte del mundo. Y lo que es más importante aún: si no funcionaba, siempre podría volver a trabajar para una organización y aprovechar mis veintiséis años de experiencia en

Disney. Sin embargo, me entusiasmó mucho trabajar de forma independiente y aprender nuevas habilidades: hacerme marketing a mí mismo, negociar, aprender contabilidad (sí, contabilidad), entre otras. Esto me dio fuerza y motivación.

Retomando el tema de trabajar con mi equipo en la reorganización, les animé a mirar los aprendizajes potenciales y positivos de la experiencia.

Descubrí que explicar el «por qué» detrás de las decisiones les ayudaba a entender, interiorizar y dar la bienvenida al cambio. Cuando los empleados saben por qué está ocurriendo el cambio, es más fácil para ellos asumirlo e implementar el nuevo proceso, estrategia o estructura organizacional.

A veces el cambio no es una buena noticia para el equipo. No hay forma de convertirlo en un mensaje positivo y de todos modos debe implementarse. En estos casos, tienes que ser honesto con el equipo o ellos sabrán que algo anda mal. Más veces de las que me gustaría recordar, me vi en la posición de anunciar a mis empleados directos que teníamos que recortar mano de obra antes del cierre del año fiscal. Por mucho que me molestara hacerlo, no era negociable. Así que lo mejor era decirlo tal cual, explicar los motivos con tanta transparencia como fuera posible y decirle a mi equipo que los apoyaría plenamente durante el proceso y manos a la obra.

Comunica el por qué, cuándo y cómo.

Durante el proceso de cambio, nada importa más que la calidad de la comunicación. Es obvio que ese un paso importante en la gestión del cambio, pero también algo que lamentablemente ignoramos y subestimamos constantemente.

Como dije anteriormente, lo mejor es hacerlo de la forma más eficiente posible para eliminar la angustia y la especulación. Sé claro, sincero, minucioso e involucra a todas las personas afectadas. Tómate el tiempo para explicar los motivos detrás del cambio. Cuando entendemos por qué está sucediendo, es menos probable que veamos el cambio como un desafío.

Asegúrate de estar preparado para responder preguntas. En nuestro caso, incluso teníamos preparadas respuestas a preguntas frecuentes previendo lo que se iba a venir.

Tu comunicación debe ser consistente. Cuando implementamos la nueva estructura, teníamos un libreto claro para garantizar la coherencia de nuestros mensajes. Los puntos de discusión eran los mismos para todas las áreas del parque y los compartimos con los líderes de primera línea para que ellos pudieran, a su vez, usarlos durante las charlas con su equipo de empleados de primera línea.

Una comunicación proactiva y bien preparada no sólo ayuda la curva de aprendizaje, sino que también es una señal de respeto. Es bueno que tus empleados sepan lo que está pasando y por qué, porque reconoces el valor que aportan a la organización. Ello refuerza la idea de un equipo que trabaja por un propósito común.

Debes saber qué esperar.

No todo el mundo estará a bordo de inmediato. Aparte de un pequeño grupo de entusiastas, probablemente encontrarás que la gran mayoría de los empleados, en el mejor de los casos, tienen sus dudas. Estos son lo que yo llamo los «cuida cercas». Ellos adoptarán un enfoque de «esperar a ver qué pasa» y tomarán un tiempo para interiorizarlo. Eso está bien. Puede que hayas trabajado en esta novedosa idea o iniciativa durante meses, pero ellos la están escuchando por primera vez. Dales tiempo. Mientras tanto, tus entusiastas conducirán el tren y tu podrás confiar en que ellos convencerán gradualmente a los «cuida cercas».

Desafortunadamente, también habrá aquellos que se oponen rotundamente y se resistirán al nuevo proceso o a la nueva estructura. Se resisten por una plétora de razones: siempre lo han hecho así y, en su mente, les funciona muy bien; están perdiendo su la ventaja de su experticia o ven amenazada su capacidad de control. Aunque los opositores rotundos suelen ser una minoría (20% como máximo), nosotros, como líderes, tendemos a centrarnos en ellos. La verdad es que sólo cambiarán si así lo deciden. Si bien debemos vigilar a los opositores rotundos para que no envenenen el pozo, también debemos evitar gastar tiempo y recursos adicionales en ellos. Eventualmente, se subirán al tren o se irán a buscar su felicidad en otro destino.

«El cambio es la ley de la vida», dijo John F. Kennedy y esto es aún más cierto hoy. Todo a nuestro alrededor está cambiando a un ritmo tal que apenas podemos seguir el paso. Bob Iger -CEO de Disney- dijo que dedica el 30% de su tiempo a pensar en la disrupción. Como no hay manera de evitarlo, solo queda recibirlo con los brazos abiertos y prepararnos. Muy a menudo, el miedo al cambio limita nuestras carreras y habilidades. Más bien piensa en ello como una actualización hacia una versión mejorada de ti mismo, de tu equipo o de tu organización.

«No es la especie más fuerte la que sobrevive, ni la más inteligente, sino la que responde mejor al cambio.» —Charles Darwin

---

La Vía Rápida a los Resultados

Recuerda estos consejos al introducir cambios en una organización:

- Tómate el tiempo para pensar en todo en lo que puedes confiar y que no cambiará.
- Aprende a ser optimista. Esos tiempos de estrés son una oportunidad para crecer y fortalecernos. Haz una lista cada semana de lo que has aprendido y que podrás aplicar en el futuro.
- Como líder, no te retires ni te enfoques en ti mismo. Saca tiempo para tu gente todos los días; se visible y accesible. Pueden ser espacios matutinos o en la tarde, ya sea en persona o por conferencia telefónica. Puede que no tengas todas las respuestas, pero no subestimes el poder de tu presencia.

- Sé directo al explicar el por qué detrás de los cambios. La transparencia ayudará a conquistar aquellos empleados que inicialmente son reacios o desconfiados.

Capítulo 20

Navegando Nuevas Rutas

E n febrero de 2009, en mi cumpleaños no menos, fui ascendido de Gerente General de Atracciones en el Reino de la Magia a vicepresidente de Epcot. Estaba emocionado y nervioso.

Con diecinueve puestos diferentes en mi haber, he vivido varias curvas de aprendizaje al pasar de un rol a otro, pero este puesto era grande.

Afortunadamente, había desarrollado mi guía de transición de confianza con el pasar del tiempo para evitar cometer errores recurrentes. Es algo más que una lista de cosas que pensar y tener en cuenta: es una lista de verificación de los «desaceleradores» de una transición laboral. Tenía este manual en mi escritorio y solía revisarlo todos los días durante los primeros meses en un nuevo trabajo. Me ayudó a evitar las complicaciones obvias de ser nuevo e intentar causar una buena impresión.

Siempre me he asegurado de compartir estas «píldoras» con los miembros recién llegados al equipo para hacerles saber que he estado en su lugar.

Sabía lo que estaban a punto de enfrentar y había aprendido de primera mano cómo evitar algunos de los errores que se comenten al iniciar un nuevo proceso o al ser nuevo en un trabajo.

Estas son algunas de esas complicaciones que todos podemos evitar.

Apresurarte a generar impacto

El error más común que cometen muchos líderes recién ascendidos es tratar de demostrar que son dignos de su promoción. A veces, esto se traduce en decisiones impulsivas o cambios irracionales. Su sentimiento de inseguridad causa que hagan cosas que pueden ser perjudiciales para las relaciones que necesitan construir con su nuevo equipo.

Con frecuencia di a esa clase de líderes la misma charla:

«Mira, ya tienes el puesto. Te ascendimos porque sabemos que lo mereces y estamos seguros de que puedes hacerlo». Les recordaba que los miembros del elenco de su nueva área ya sabían cómo hacer su trabajo, por lo que hacer cambios no era una urgencia. Más bien, el enfoque inicial debería ser crear el mejor entorno posible en el que su elenco pudiera sobresalir. Crear nuevas ideas para aumentar la productividad no era una prioridad en ese momento. Terminaba la charla recordándoles que tenían un tiempo limitado para causar una primera impresión, así que lo mejor es que fuese una buena. Les sugería que se reunieran personalmente con cada miembro de su operación para empezar a crear interacciones sinceras. Esas conexiones y su disposición a escuchar y aprender, darían sus frutos a lo grande a futuro.

No Alinear Expectativas

Conseguir algunas victorias rápidas es comprensible cuando quieres crear confianza y demostrar a tu jefe que eres la persona adecuada. Sin embargo, cuídate de conseguir estas victorias rápidas a expensas de tu credibilidad. Asegúrate de saber cómo se ve una «victoria» antes de anotar. Tu visión para el departamento y la visión de tu jefe para tu departamento pueden ser muy diferentes. Tómate el tiempo para hablar con varios actores durante el proceso de transición para escuchar todos los puntos de vista. Cualquier cosa que decidas para tu equipo y departamento debe alinearse con el resto de la organización.

Desechar o ignorar lo que desconoces

Nuestros egos pueden interponerse en el camino del aprendizaje. Podemos sentirnos atraídos por lo familiar de nuestro nuevo trabajo porque estamos mucho más cómodos en esa área. Debes estar dispuesto a sumergirte en lo que no entiendes. Tantea y aprende. Tienes una gran excusa para hacer preguntas: ¡eres nuevo! Hacer cierto tipo de preguntas un año después puede ser problemático. Ese mismo enfoque lo implementé cuando me mudé a Francia en 1992. Tenía un nivel extremadamente básico para entender y hablar francés. Pero decidí dar el paso, incluso si sonaba bastante ridículo y tropezaba al conversar. Sin embargo, tenía una buena excusa: acababa de mudarme. Un año después, esto no habría sido una justificación viable. Por lo tanto, se humilde y admite que hay cosas que no sabes, aprende y haz preguntas. La gente estará más inclinada a ayudarte y guiarte cuando eres nuevo.

Del mismo modo, no confíes demasiado en la experiencia previa. Sé que es difícil porque nuestra experiencia es en lo que nos apoyamos todos los días. Así es como navegamos nuestras vidas y nuestros trabajos. Sin embargo, al aprender «como principiante» tendrás una mirada fresca sobre tu operación y es posible que descubras nuevos aspectos con los que no estás familiarizado. A su vez, podemos evitar hacer suposiciones y luego cosechar valiosos beneficios.

Escuchar a unos pocos

Debemos cuidarnos de prestar atención exclusivamente a las personas con las que conectamos naturalmente o que hablan más fuerte. A veces nuestras opiniones se pueden ver sesgadas porque recibimos información de un grupo selecto o de una persona en particular que no teme hablar. Recuerda: «Siempre engrasamos la rueda chirriante». Considera siempre escuchar a todo el equipo y dar a todos la oportunidad de compartir sus pensamientos; analiza sus perspectivas.

Tratar de resolverlo todo

Este punto se remonta a un concepto extremadamente importante: la diferencia entre problemas y dilemas. Los problemas tienen soluciones: 1 + 1 = 2. ¡Ojalá todo fuera tan fácil! Lamentablemente, muchas de las cuestiones que son realmente importantes para nosotros se consideran dilemas. No hay solución a los dilemas. Sólo se pueden manejar. La estructura organizacional es un dilema. Se adapta a ciertos momentos en función de los desafíos del negocio, el talento disponible y los objetivos de la empresa. No es una solución permanente. El día que me di cuenta de que muchas de las cuestiones que había estado tratando como problemas eran en realidad dilemas me quité una gran presión de encima.

Muchas veces, ¡no hay una respuesta perfecta o permanente! Así que no creas que debes dar solución a todo por ser nuevo.

Enfocarse en el proceso más que en las personas

Los procesos son importantes, pero las personas son clave para el éxito a largo plazo. Durante mis primeros meses en un trabajo, hacía todo a mi alcance para conocer y conectarme con tanta gente como fuera posible y hacer tantas preguntas como pudiera. A medida que conocía la operación, me sentía tentado a hacer cambios en algunos de los procesos existentes.

¿Por qué? Porque los procesos son mucho más fáciles de cambiar que las personas. Así que llevaba un cuaderno con todas mis observaciones e ideas. Una vez lograba entender mejor la operación, poco a poco tachaba algunas de mis ideas originales porque sabía que no funcionarían en ese momento. Más bien construye relaciones, conexiones y confianza. Esas relaciones te darán recompensas mucho más grandes con el tiempo.

Generalmente, trataba de no dar mi opinión a menos que alguien lo pidiera. Normalmente, nuestros equipos esperan que hagamos juicios y observaciones en el primer día. Las observaciones desinformadas pueden meterte en problemas. Así que la próxima vez que empieces en un puesto, guarda tus observaciones hasta que conozcas la operación al derecho y al revés.

En lugar de caer presa de las trampas descritas anteriormente, los líderes pueden navegar nuevas aguas con una sola acción.

Vive la experiencia

«Bienvenido a Test Track. ¿Cuántos en tu grupo? Dije una y otra vez, y otra vez, durante dos horas. *Cierto*, pensé, *necesito ofrecer Cortesía a cada invitado*.

«¡Oye, Dan, ¡necesito un sencillo!» *Cierto, pensé, necesito dar Eficiencia*. «¿Están listos para su prueba de manejo? ¡Agárrense fuerte!» *Cierto*, pensé, *necesito dar vida al Show*.

«¿Puedes por favor tirar de ese cinturón de seguridad?» Cierto, pensé, la Seguridad es primero. Llegué a casa esa noche, me salté la cena, y me fui directo a la cama. Estaba exhausto.

Cuando comienzas un nuevo rol en Disney, no solo escuchas hablar y ver las operaciones que vas a gestionar, sino que trabajas en ellas... mucho. Este fue, de lejos, el tiempo más valioso que pasé en las primeras etapas de un nuevo trabajo. Ponerme el traje y experimentar la operación me dio una perspectiva que nunca podría haber ganado de otra manera; eso sin mencionar la reputación ganada. Todo el mundo sabe lo importante que es nuestro tiempo y el factor de confianza comienza a crecer rápidamente cuando elegimos pasarlo con la gente que trabaja en las trincheras. De hecho, los miembros del elenco a menudo me preguntan: «¿Por qué te disfrazaste para trabajar con nosotros?» El hecho de que no lo entendieran es un problema en sí mismo. ¿Acaso no *sabían que* eran ellos quienes daban vida a la magia todos los días? ¿Acaso no entendían que su actuación era la clave de mi éxito? Era evidente que teníamos que trabajar en ese mensaje.

La otra ventaja de trabajar en la operación era que nadie me esperaba en las muchas reuniones que comenzaron a llenar mi agenda. De hecho, cuando era posible, traía a alguien para dirigir la operación o dejaba a cargo a alguno de mis mejores empleados directos durante el primer mes para quedar totalmente libre y así vivir, comer y respirar en la operación todos los días.

Lo que llegas a aprender cuando pasas tiempo con tu gente y trabajas en las trincheras no tiene precio. Ahora, puedes pensar que todos se comportaban mejor y eran cuidadosos con lo que decían cuando yo estaba cerca. Pero, mágicamente, después de unos días de verme presentándome disfrazado y trabajando codo a codo con ellos, dejaron de pensar en mí como Dan el Gerente o Dan el vicepresidente, y empezaron a verme como Dan el nuevo empleado. Empecé a aprender qué líderes eran valorados por el elenco, qué procesos eran disfuncionales, qué herramientas, equipos y suministros hacían falta; qué disfrutaban los huéspedes y de qué se quejaban - la lista no acaba. Luego de un par de semanas en el ruedo, simplemente estando ahí todos los días e interesándome en cómo se hacían las cosas, aprendí más sobre el funcionamiento y la cultura de la operación de lo que habría de aprender en los años venideros. Así que sea cual sea tu versión de «ponerse el traje», entra al ruedo y mantén los ojos y oídos abiertos. Hay una gran cantidad de información que te guiará a una transición exitosa.

Muchas empresas grandes y exitosas aprovechan la oportunidad de pasar a sus empleados por varios roles por diferentes razones: desarrollo profesional, retención, mejora continua y cohesión de equipos. Disney no es la excepción y hemos movido a la gente bastante. A lo largo de los años, hablamos de las ventajas de pasar el talento por varios roles, pero también reconocimos la desventaja de las rotaciones constantes. Capacitar a los líderes en sus nuevas áreas significaba perder productividad durante ese espacio de capacitación. Sin embargo, es parte de los gajes del crecimiento y yo, por mi parte, creo que el cambio saca tanto tu verdadera naturaleza como tu verdadero potencial.

La Vía Rápida a los Resultados

Para una transición exitosa a una nueva organización:

- No te apresures a generar impacto. Aprende primero las complejidades de la organización.
- Alinea tu visión con el resto de la organización.
- No te apegues a lo que conoces bien. Aprende sobre lo que te es menos familiar.
- Concéntrate en las personas, en todas las personas, no solo en los procesos.
- Métete en las trincheras y trabaja en las posiciones de primera línea por un tiempo.

Capítulo 21

Creatividad e Innovación

Cuando trabajas para Disney, te alimentas de estas dos palabras. Pocas organizaciones han dedicado tanto tiempo y recursos para mantenerse a la vanguardia de su industria. Los directores ejecutivos de Disney, en el pasado y el presente, se han dedicado a generar nuevos contenidos y experiencias, emulando lo que Walt Disney puso en marcha hace casi 100 años.

Después de tomar el mando de la compañía, el actual CEO - Bob Iger - hizo algunos movimientos audaces al adquirir Pixar, Lucas Films y Marvel, asegurando así un flujo constante de nuevos contenidos para la organización. Estas costosas apuestas ya han generado enormes dividendos para Disney y hay mucho más en camino.

¿Por qué? Porque si Disney quiere que los visitantes regresen, no puede permitirse estancarse. Mantener el statu quo no es una gran estrategia.

La compañía constantemente necesita nuevos contenidos, además de atracciones nuevas, nuevos centros turísticos y nuevas experiencias. Y a medida que la operación se vuelve más compleja en el proceso, Disney también debe innovar en la forma en que conduce su negocio. En nuestro mundo rápidamente cambiante, este es un imperativo para todas las empresas que desean seguir siendo relevantes.

He aquí varios puntos sobre la creatividad y la innovación que he aprendido a lo largo del camino:

Ven, vuela conmigo.

Imagina que estás a punto de volar a un destino desconocido y lejano. Sabes que será exótico y diferente; el clima será agradable y el paisaje hermoso. Reservas tu tiquete y te preparas para el viaje. El avión despega. Estás volando a través de las nubes con un cielo abierto en la ventana. A medida que te acercas a tu destino, el piloto comienza el descenso, baja el tren de aterrizaje y te preparas para aterrizar. Finalmente tocas el asfalto, las puertas se abren y aparece el hermoso paisaje.

Esta es, en mi opinión, una analogía perfecta para la concepción, evolución e implementación de ideas creativas e innovadoras.

Primero, reserva tu tiquete y prepárate. En otras palabras, dedica tiempo a la creatividad. Aparta algo de tiempo para generar y solicitar nuevas ideas. Dado que somos más creativos en grupo, da la bienvenida a todos los actores, no sólo a los de siempre. Las ideas vienen en todas las formas y figuras y de todo tipo de fuentes. Ábrete a escuchar a las personas de diferentes departamentos, sus puntos de vista, orígenes e industrias - ¿por qué no? ¡La exitosa empresa francesa de cosméticos Caudalie fue creada por un dermatólogo que trabajó con un enólogo!

Busca el lugar correcto. La mayoría de las personas te dirán que piensan más creativamente mientras están lejos de su entorno laboral. Date a ti y a tu equipo espacios para ser creativos. Fomenta el entorno propicio. Ofrece oportunidades para que te envíen ideas. En Disney, hicimos esto a través de un programa llamado «Lo dijiste, te escuchamos». Nuestro objetivo era compartir las grandes ideas presentadas por los empleados y, lo que es más importante, mostrar que el equipo de líderes estaba listo y dispuesto a ayudar en su implementación. Las ideas iban desde mejores horarios de autobús y opciones en la cafetería para empleados, hasta cómo ofrecer un nuevo nivel de servicio a nuestros invitados. Teníamos tablones de anuncios enteros dedicados a esta iniciativa y diligentemente difundimos todas las ideas que se implementaron ¡y había muchas!

Segundo, elévate a los cielos. Este es la fase «¿Y si...?» del viaje. Ninguna idea es mala o fuera de límites. Nada de juzgar o censurar, sólo crecimiento para las ideas. Cada sugerencia debe ir seguida de «Sí, y» en lugar de «No, pero». Este no es el momento para la voz de la razón, el pensamiento racional o los comentarios prácticos. Deja que la creatividad y la imaginación fluyan. Incluso si alguien presenta una idea a media marcha, puede que conduzca a algo. Tu respuesta debería ser, «Cuéntame más». Piensa a dónde conducen los «¿Y si...?». Un «¿Y si cada auto fuese un taxi?» condujo a la creación de empresas como Uber y Lyft. Un «¿Y si cada habitación pudiera ser un hotel?» condujo a Airbnb. Un «¿Qué pasaría si los huéspedes pudiesen hacer una reserva para una atracción?» condujo al FastPass de Disney. Un «¿Y si pudiéramos crear un safari real en Florida?» condujo a la construcción de los Safaris de Kilimanjaro en Reino Animal.

Cada uno de estas ideas parecía loca al inicio, no tenían precedentes; la sabiduría convencional diría que era demasiado difícil, demasiado complejo o que no se podía hacer.

Tercero, prepárate para aterrizar y volver a la tierra. Aquí es cuando la imaginación y la creatividad toman forma y se convierten en innovación. Una vez que las ideas han tenido la oportunidad de surgir, prepararse y cocinarse, es hora de la practicidad, adaptación e implementación. Prepárate para hacer un montón de preguntas. «¿Tenemos los recursos? ¿El personal? ¿La tecnología? ¿El tiempo? ¿El dinero? ¿El conocimiento?

¿El talento? ¿Qué obstáculos nos vamos a encontrar?» Y mi favorita de todos los tiempos: «¿Por qué no funcionará?» Esa es una pregunta válida. Si se responde honestamente, los posibles obstáculos y trampas surgirán y se sortearán antes de que se conviertan en un problema. Es importante no desalentar las sugerencias de inmediato durante el aterrizaje, pero permite que el pensamiento crítico elimine ideas poco realistas.

Idealmente, ya habrás llegado a tu destino. Las puertas se abren a un nuevo proceso, proyecto, producto y estrategia y estarás viendo una versión mejorada de tu negocio.

> «El futuro pertenece a aquellos que ven las posibilidades antes de que sean evidentes.» — John Sculley

No todas las ideas grandiosas son grandes.

Durante mis años en Disney, fui testigo de cómo su creatividad y talento innovador se expandió a nuevas ciudades (París, Hong Kong, Shanghái) y nuevas industrias (líneas de cruceros, tiempos compartidos), y traer nueva tecnología al negocio de los parques temáticos (My Magic Plus). Estas son las que me gusta llamar Ideas Grandes, Peludas y Audaces, las que darles vida demanda el tiempo y recursos de toda una organización. Pero no estoy hablando exclusivamente de los megaproyectos o productos revolucionarios, también estoy hablando de la necesidad de ser creativos e innovadores en todos los niveles de una organización, independientemente del alcance de la iniciativa. A veces, se trata simplemente de resolver un problema.

He aquí un ejemplo modesto: a las 9 de la mañana, hora de apertura en el Reino de la Magia, logré ver las familias que ingresaban por la entrada principal apuntando a su primera atracción del día. Al pasar por el Starbucks de Main Street, los adultos tomaban una última taza de café antes de enfrentarse al día. Pero la fila podría llegar a ser bastante larga en las primeras horas de la mañana y el tiempo era esencial: los niños estaban ansiosos por llegar a su atracción favorita. ¿Cómo podríamos facilitárselos?

¿Qué tal una línea exprés exclusiva para café de Pike Place? Nada lattes o macchiatos elegantes, solo una simple taza de café. Entrada por salida en menos de 60 segundos. El equipo de Alimentos y Bebidas resolvió el problema poniendo una pequeña estación de café portable frente a Starbucks, equipada con lectores portátiles para tarjetas de créditos y una instalación lo suficientemente simple como para ser desarmada al final de la hora pico de la mañana. Las ventas de café subieron, los adultos recibieron su cafeína y los niños trotaban felizmente hacia su primera atracción.

Es cierto que esta idea no era del calibre de nuevas atracciones o tecnología vanguardista, pero seguía siendo creativa y resolvió un problema. ¿Cuántas de estas oportunidades hay por ahí? Más de lo que podrías esperar ver en toda tu carrera. ¡Es un entorno rico en objetivos! Estos problemas pueden no ser tan dramáticos y las soluciones pueden no costar millones, pero eso no cambia el hecho de que requieren imaginación. La mayoría de las veces, estas sugerencias emanarán de los miembros del equipo de primera línea que conocen el interior de la organización, lo que me lleva a mi siguiente punto...

Nadie tiene el monopolio de la creatividad.

En Disney, teníamos la suerte de contar un departamento entero dedicado a todos los temas de creatividad. Ya sea que estuviéramos construyendo una nueva tienda, atracción, parque o complejo turístico, mejorando las habitaciones de algún hotel o los restaurantes, cambiando los trajes del elenco o simplemente repintando, la aprobación y el proceso creativo inevitablemente pasaban por WDI - Walt Disney Ingeniación.

Durante la mayor parte de mi carrera, Disney esperaba que operadores como yo se enfocaran en ejecutar el plan y que el equipo de WDI se quedara con el monopolio y control de la creatividad. Afortunadamente, las cosas han venido cambiando para mejor últimamente. Ahora existe una muy necesaria colaboración entre los equipos de Diseño y los equipos de Operaciones.

La creatividad y la innovación no deben ser exclusivamente para una categoría específica de personas con cualificaciones específicas. Las personas *más inesperadas* han creado *accidentalmente* muchos de los mejores inventos, y los empleados de Disney han tenido ideas increíblemente creativas, que salieron a la luz en situaciones inesperadas, como cuando los miembros del equipo de Limpieza y Aseo comenzaron a dibujar caras de Mickey Mouse con una escoba y agua para entretener a nuestros asistentes, o cuando las amas de llaves doblaban creativamente las toallas en formas de animales y así sorprendían a los jóvenes huéspedes del hotel que las encontrarían en sus camas. Eso por no mencionar todas las comidas temáticas a lo largo del tiempo, desde zapatillas de chocolate estilo Cenicienta hasta cupcakes de Star Wars; todas fueron ideas presentadas por el elenco de primera línea a un costo mínimo. Y cuando se trata de resolver problemas creativos, nadie está mejor equipado que las personas que lidian el problema día tras día.

¿Para qué lo estamos resolviendo?

En algún momento, pensamos que sería bueno para Walt Disney World tener un Mickey parlante. Un equipo conjunto de WDI y Entretenimiento trabajó en el proyecto, dedicando muchos recursos a esta iniciativa. Decidimos probarlo en el Reino de la Magia antes de lanzarlo al resto de Walt Disney World. El Mickey «mejorado» funcionó bastante bien, pero rápidamente notamos que tenía poco impacto en la experiencia de los huéspedes. Las calificaciones no variaron fuese Mickey capaz de hablar o no. De hecho, ¡la mayoría de nuestros invitados creían que Mickey siempre había hablado!

El aprendizaje aquí fue doble. En primer lugar, lo que tú consideras un problema puede que no lo sea para tus clientes. Así que mantente atento a lo que quieren antes de lanzar una nueva iniciativa. El segundo: cuando intentes resolver problemas, haz siempre un seguimiento de cuál es el problema. Si nos hubiésemos preguntado:

«¿Qué estamos tratando de resolver?» nos habríamos dado cuenta de que no había un problema. A veces, nos dejamos llevar por nuestra sed de creatividad e innovación.

La Vía Rápida a los Resultados

La creatividad y la innovación surgirán de estas iniciativas:

* Hacer lluvias de ideas en un lugar no tradicional, cómodo para el grupo, fuera de la oficina (si es posible).

* Juegos interactivos o actividades para conseguir que los participantes estén en sintonía.

* Haz preguntas del tipo «¿Qué tal si...» para encontrar soluciones creativas a los problemas que los ocupan (¿Qué tal si no tuviéramos oficinas? ¿Qué tal si sólo tuviéramos una reunión a la semana? ¿Qué tal si nuestros clientes pudieran dictar el precio?)

* Alguien que tome notas para capturar todas las ideas y revisarlas después de la reunión para determinar los pasos a seguir.

* El «cielo es el límite» es la parte de la lluvia de ideas donde todo el mundo aporta sobre las ideas los demás sin juzgar ni limitar.

* La parte de «bajemos a la tierra» de la lluvia de ideas, es donde todos comienzan a evaluar el potencial real, los recursos y las necesidades para implementar las buenas ideas.

Conclusión

$\mathcal{E}$n un viaje reciente a Japón, visité el jardín zen del templo Ryōan-ji en Kioto. Pasé un de tiempo considerable allí y pronto me di cuenta de esta analogía que perfectamente encapsula mi manera de pensar sobre el liderazgo y aquello que más importa. Presta atención.

Este jardín seco de 241 metros cuadrados incluye quince piedras cuidadosamente colocadas en grava blanca en grupos de dos, tres o cinco. En primer lugar, todas las piedras del jardín tienen diferentes tamaños, formas y colores, y se colocan estratégicamente para mostrar su mejor cara. Del mismo modo, en tu organización, necesitas rodearte de un equipo diverso que aporte diferentes talentos para complementar los tuyos. Cada individuo necesita estar en un entorno donde pueda brillar y aprovechar sus habilidades y potencial. Solo entonces podrás avanzar individualmente y como equipo.

En segundo lugar, el jardín Ryōan-ji es una maravilla de simplicidad. Las líneas claras, la grava perfectamente rastrillada y un fondo sencillo lo convierten en un lugar ideal para meditar. Cuando las cosas son claras y directas, la atención plena está a tu alcance. *La claridad libera el potencial.* Con un objetivo claro, en calidad de líder, puedes liderarte a ti mismo y a tu equipo de manera más eficiente; tendrás un mayor impacto en tu organización y podrás liderar eficazmente el cambio. Tu éxito como líder depende de tu capacidad para desarrollar objetivos claros para ti y para todos los que lo rodean.

Por último, pero no menos importante, la particularidad de este jardín seco es el hecho de que las quince piedras han sido cuidadosamente colocadas de tal manera que la composición *nunca se puede ver en su totalidad* desde el mirador. Independientemente de dónde te pares, podrás contar hasta catorce piedras, pero las quince nunca serán visibles en simultáneo. Nadie sabe con certeza el significado detrás de la intención del diseñador y muchas interpretaciones han sido debatidas a lo largo de los años. Personalmente, creo que hay un mensaje oculto en el diseño: el punto ciego.

La vida está llena de cosas que desconocemos, cosas de las que no somos conscientes, cosas que no podemos anticipar ni prepararnos para ellas; o cosas que simplemente elegimos ignorar - nuestro punto ciego. Esto nos hace vulnerables y propensos a errores. A veces nos lleva a decisiones o suposiciones irracionales.

Solo puedes prevenir *este punto ciego* con ayuda. En Ryōan-ji, cuando te paras en el mirador junto a alguien, al observar ambos el mismo jardín al mismo tiempo, cubrirán el punto ciego. Como grupo, es posible dar cuenta de todas las piedras, al igual que el trabajo en equipo te permite prever y evitar obstáculos y desafíos.

Por eso creo que las relaciones son tan importantes. Tu entorno de trabajo es un reflejo de la calidad de tus relaciones con tu equipo; mejor aún, las relaciones son *la base de la cultura de tu organización.* Ellas allanan el camino hacia el compromiso y la dedicación. Donde hay grandes relaciones, hay confianza; donde hay confianza, hay empoderamiento; donde hay empoderamiento, hay sentido de pertenencia; donde hay sentido de pertenencia, hay motivación; donde hay motivación, hay creatividad y asunción de riesgos, resolución de problemas, resiliencia y, en última instancia, éxito. ¡Esto es lo que una gran cultura puede hacer por tu reino!

Agradecimientos

Mamá, gracias por tu empatía y consejos durante mi trasegar profesional y personal de la vida.

Papá, gracias por tus consejos y sabiduría; me dieron confianza para llevar una vida que nunca podría haber imaginado.

Jullian, Margot y Tristan, los padres a veces se preguntan qué tipo de legado dejarán a sus hijos. Sus abuelos iniciaron el viaje por su madre y por mí, y hemos hecho todo lo posible para ayudarles a prepararse para sus aventuras mientras se convierten en adultos jóvenes. Estamos muy orgullosos de las personas en que se han convertido y nos emociona verlos crecer. Siempre estaremos ahí para ustedes.

Valerie, mi dulce esposa y brillante editora. Gracias por apoyarme y acompañarme en este emocionante viaje. Significaría nada sin ti.

Y, por último, pero no menos importante, Nick, Sarah, Jennifer y el equipo de Morgan James Publishing, gracias por la magia que unió todas las piezas que necesitábamos para dar vida a este libro.

Acerca del Autor

Dan Asistió a la Universidad de Boston, graduándose en 1991, donde obtuvo una Licenciatura en Ciencias Políticas. Un ávido jugador de rugby que fue seleccionado en 1990 y 1991 para el equipo Collegiate All- American Rugby y fue capitán del equipo durante 1991.

Tras graduarse de la Universidad de Boston en 1991, Dan se mudó a Florida y trabajó como asistente de estacionamiento en el Centro Epcot de Disney. Posteriormente, se unió al Programa de Aprendices de Gestión de Disneyland Paris, como parte del equipo de apertura.

Durante su estancia en Francia, ocupó varios puestos gerenciales en Operaciones. Él y su esposa Valerie, que también estaba en Disneyland Paris, se casaron en Francia y pasaron cinco años allí antes de regresar a Orlando en 1997.

Desde entonces, Dan ha desempeñado varios cargos de operaciones ejecutivas en el Complejo de Walt Disney World, tanto en los parques temáticos como en los hoteles. Se retiró como vicepresidente del Reino de la Magia, donde lideró a 12.000 miembros del elenco de Disney y entretuvo a más de 20 millones de invitados al año.

Obtuvo su MBA en 2001 en la Escuela de Negocios Crummer en Rollins College. Además de sus responsabilidades operativas, Dan fue el orador principal del mundialmente famoso Disney Institute durante 18 años. Ha hablado frente a asistentes en inscripción abierta, así como a los asistentes de programas personalizados como el USAA Bank, General Motors, el Departamento de Estado de los Estados Unidos, el Ejército de los Estados Unidos, la Escuela de Negocios de la Universidad Metodista del Sur, Porsche A.G. y United Airlines.

Sirvió en la junta directiva de Junior Achievement of Central Florida desde 2004 hasta 2018, siendo presidente en 2010.

Después de una exitosa y emocionante carrera de 26 años con Walt Disney Company, Dan y Valerie tomaron la decisión de iniciar una nueva empresa y comenzar su propio negocio de consultoría y charlas.

Dan y Valerie ofrecen presentaciones personalizadas y auténticas centradas en prácticas de liderazgo y gestión, aprovechando su extensa carrera en Disney con ejemplos llamativos y una narración inspiradora.